ハブられても生き残るための深層心理学

ハブられても生き残るための深層心理学

きたやまおさむ
Osamu Kitayama

岩波書店

目次

序　「ハブられる」とは

「ハブられる」と同類幻想

若い人たちの間で使われる言葉に「ハブられる」というものがあります。仲間外れにされる、のけ者にされる、排除されるという意味です。

「ハブられる」という現象は、日本だけで顕著に起きているわけではもちろんありません。外国でも同様の現象は見られます。しかし現代の日本人論とか日本文化論を語るときに際立つように、等質性の高い「日本人」という一群が存在していて、この多数の「日本人」は考えが一つにまとまりやすい集団だと多くの人が感じていることでしょう。

つまり、日本人らしい協調性や同調性というものがあって、外を歩いていても多くが同じ言葉を話しているし、私たち自身から見ても、私たちはみんな同類であるという幻想を持っているように思うのですが、いかがでしょうか。

実際に、同調圧力とか、お願いするだけで国民が協調的に行動するとか、逆に、言うことを聞かないとなると、何となくみんな一緒になってそうするとか。こうしたことは、新型コロナ感染症をめぐって、国民の様々な言動で示されました。そこで私は、この個人個人における同調性の発生論と深層心理を考えてみようと思いました。そして、本書で精神分析の知見を活用するのは、それが無意識に無自覚に行われやすいからです。

しかし、同調圧力が同時に、本来はバラバラな人たちの集団によるものだということも露呈しつつあります。そのうえ、私たちの社会もかつてより居住する外国人が増え、文化や生き方の多様化が進んでいます。

確かに人は十人十色ですが、集《つど》うときは似た者同士が集まり、類は友を呼んで、みんなが同質集団を形成しやすく、そこでは「つるむ」ということも起こると感じていそうです。私がここで「感じていそうです」というように、これはまだ仮説ですが、本書ではその実在を論じてゆきます。

たとえば、「みんな」が同じような考えの人たちだという具合に取り出して、そのテーマでこの本を書こうとすること自体が、私のいう**同類幻想**の証《あか》しでしょう。そして、これをあえて考えねばならないのは、これが悲劇的な展開を生み出すからです。これがあるからこそ、その集団に入れない異質な少数者がのけ者にされることも起こりやすく感じるし、同調できず溶け込めないと、反射的に変わり者だとされているという不安に陥りやすくなるはずです。

たとえば、「ハブられる」という言葉の語源は「省《はぶ》かれる」や「村八分」といわれています。「村八分」は、村民が村の規則を破るなどした際に、村全体でその村民と交際や取引を絶つという江戸時代から行われていた根強い仕組みをいいます。このことは、私たちの社会にも昔から「ハブられる」という根深い現象があったことを示しています。

私なども通信簿に「協調性がない」などとよく書かれました。つまり、集団に協力することが高く評価され、それができない場合は問題とされるわけです。協調性がないとマイナスイメージを付与され、また浮いた感じや違和感も覚えやすいのです。

特に今日は、ツイッターやＬＩＮＥなどのＳＮＳが急速に発達してきています。こうしたツールも、裏で「和」や「輪」を形成しようとして、「つるむ」ための道具として使われ、気づいたら自分だけが取り残されてしまっているということもよく起きています。

そして、コロナ禍のような場合には、ますます「ハブられる」感覚に陥りやすい状況になります。感染を防ぐために、大人数での会合が抑制されています。以前だったら一〇人で集まっていたけれど、四人で集まろうとなる。一〇人だったときには、声をかけられていたのに、四人になったら声をかけられなくなる人も出てくる。本当に親しい同類者だけが集まり、そこには異質な自分は入れてもらえない。こんなことが、あちこちで起きるようです。

グループには中核と周辺があります。周辺は英語で「マージナル(marginal)」といい、余白の部分を意味します。コロナ禍で余裕を失った社会においては、この余白が失われつつあります。グループの中核と外部の境界線上にいた「どっちつかず」の人たちが、中央からさらに遠い周辺部に置かれることになります。なかなか大変なことが起きているなと感じます。

ハブられるのは誰か

では、どういう人がハブられるのでしょうか。それは誰にでも起こりうることなので、まず皆がそうなる可能性と、逆にハブってしまう可能性を自覚したほうがいいでしょう。そのうえで、ハブられやすくて、知らないうちに一人ぼっちになるのは、どんな人なのでしょうか。私がその筆頭として思い描いている人たちとは、精神的な病理を発症させて精神医学の対象となる人たちではありません。

ハブられやすい人、すなわち「おさまりの悪い人たち」を読者とともにイメージするために、私の臨床経験を生かして**四つのタイプ**に分けて考えてみたいと思います。もちろん、これらの特徴は重複して兼ね備えている人も多いので、分類は便宜的です。

第一に、最近よくいわれる**「空気」を読めない人**です。集団の考えをうまく理解できなかったり、また、自分の考えをうまく集団にわかってもらえなかったりする人です。そうした人たちは自分でも他人からも「わからない」ので、あやしい、おかしいと思われてしまう。ちなみに「おかしい」という日本語には「可笑しい」という漢字もあり、奇異で笑ってしまうという意味合いも含まれています。そうしたことから、集団から浮いていて、みんなに笑われている光景などが想像できるでしょう。この同調性や協調性のなさについて「発達障害」だと名付ける人たちもいますが、私は控えたいと思います。

第二に、**自己中心的な人**です。こうした人の思考は主観的で、他の人が話している文脈や考えをうまく読むことができない場合が多い。また、自己顕示欲が旺盛で、その自慢話には嘘も含まれ、上から目線で人を馬鹿にしているようにも見られやすい。逆に、受け入れられないと、すぐに無視したり、怒ったり、機嫌を損なったりして、他人からも不愉快に思われがちであり、「自己愛的」ともいわれます。

第三に、**能力が問題になる人**です。表からは見えにくい弱さや心身の限界のために能力を発揮できない人がそうです。遅い、鈍い、不器用なのはなめられやすいでしょう。逆に、優秀な人もハブられやすいのです。能力が高く、あることに長《た》けている人は、同質性の高い集団の中では特別視されて浮いてしまいがちです。うらやましがられたり、**嫉妬**の対象になったりするのですが、その一方で、気持ちを逆撫《さかな》でする形で調子にのったりすると、やはりハブられることになります。私たちの社会では、謙虚であったり、自重したりすることが期待されるからです。

このような第一から第三までのタイプ、あるいは特徴は、同質性の高い集団の中で異質とされ、目立つ存在でもあるのでターゲットになりやすいわけです。ことわざに「出る杭《くい》は打たれる」というものがありますが、これらのタイプは、まさにそれに当てはまります。

しかしある意味、こうした人たちは、それほど深刻なケースに陥らない場合も多いのです。なぜなら、ある程度は「我関せず」でいられて、周囲との摩擦をそれほど気にしない人が多いからです。

そもそも、こうした人たちは、この本を手に取ろうとも思わないかもしれませんね。むしろ、ハブられやすく、また深刻なケースになりがちなのは、この三つの特徴に加えて次のような特徴の人です。しかも、私たちに多いといえるかもしれない性質なのです。

すなわち、第四のタイプとして、**過敏で傷つきやすい人**が挙げられます。皆が「気にしない」「大したことがない」と思うような周辺の刺激に対して過敏であり、感じてしまいやすい人たちです。私は「周辺過敏」という言い方もします。いわゆる「過剰適応」「考えすぎ」「気にしやすい」「神経質」といわれる状態には、こうした心理的な過敏症が多く、一つのグループを形成しているると思います。

自分の内部の心の動きや考えなどよりも、周辺で起きていることや情報に神経を向けてしまう。そのうえ、空気が読めないと感じるなら、周囲の顔色をさらにうかがい、いつも「考えすぎ」になりがちです。そして決まったように悪い情報を読み取り、自信がなくなって、それで傷つきやすいのです。こうした人たちは、これからこの本で扱おうとする悲劇的な物語に巻き込まれてしまいがちです。

実は、どちらかというなら、私自身も以上のような特徴のいくつかを併《あわ》せ持つ人間だったように思います。加えて私には、注意散漫や過集中(関心のあることに過剰に集中する傾向)という「注意欠陥」の問題がありました。そして目が疲れやすいという生来の困難もあり、あちこち、よそ見ばかりしてよく叱られました。

ですから、これが周辺過敏の原因となったかもしれません。ただ、私が若かったころよりも現代のほうが、誰もがこういう第四のタイプになりやすいかもしれません。インターネットの発達などで、自分を取り巻く情報はかつてよりも格段に増えています。周辺過敏の者はそうした「見える」情報を気にせざるをえず、それに振り回されてしまうことも多くなっていそうです。

ただし、こうした性質はマイナスのことばかりではありません。むしろ、こうした性質をうまく活かしていけば、ある種の能力を発達させていくことにもつながります。観察力に優れ、選択的な集中力があり、情報収集能力が高い。過集中という傾向などは、実に物書きには都合の良い特性なのです。つまりは、プラスの能力へと伸ばしていく可能性もあります。

この本では、大雑把ですが、こういう第四のタイプの人をイメージの中心に置いて話を進めていきたいと考えています。

表面的にはやさしく穏やかな文化

外国人に「日本のいいところはどこですか?」ときいたとき、真っ先に返ってくる答えの中に「安全なところ」「町が清潔できれい」といったものがあります。確かに私たちの社会は、穏やかで平和であり、人もやさしくて、おとなしいという印象があります。スムーズな表面を備えた、穏やかな文化を持っているなどともいわれます。

だから、誰かがあからさまに排除されるようなことが起こる国だとは見えない。なのに、実際には、そうした現象が少なからず起きており、多くの人がそのことで苦しんでいる。

このことをどう考えたらよいでしょうか。これはハブられることが、表面的には見えずに密《ひそ》かに進行していることが多いことを意味しています。一見、穏やかで平和が保たれている。なのに、気づいたら、いつの間にか自分が排除されている。これは、とても恐ろしいメカニズムです。見えないから対処がしにくいのです。

私はいろんな外国を旅し、語り合ってきましたが、集団から排除されるという現象について外国の人に話すと「そんなこと、どこの国でも起こっているだろう」と言われます。しかし、我が国でも、この問題が根深いことを話すと驚かれることがよくあります。つまり、日本はそういうこととは無縁の国として映っていることがあるのですが、それが「裏」や「深層」ではそうでもないのですね。

主義主張の違う人たちが混じり合う個人主義の文化でも、また学校のクラスなどで多様性が鮮明で当たり前という社会でも、あるいは歴史的に異文化交流が続いた地域や民族間の紛争の続くところでも、「似た者同士」の集団形成はあります。歴史的に続く人種差別などがその代表でしょう。ただ、そのことが明瞭な形で示され、言葉になりやすい文化があるのです。もちろん逆に、それがもっと隠されている文化もあります。

その文化差を実感する場面として「放送禁止用語」というものがありますが、私たちの社会では、たとえば歌で暴力やセックスのことをあからさまに描くと、その歌が放送では流してもらえなくなることがよく起こります。言葉にしないことで暴力やセックスがなくなるわけではないのに、なくなったつもりになっているというようなことはないでしょうか。英語のロックの歌詞や、欧米のポルノ雑誌を見るなら、明らかに日本以上に猥褻《わいせつ》です。

同様に、世界中のどこでも差別やいじめは絶えないし、暴力的な事件や嫌らしいことは起こっているし、それは人類に共通する重大問題なのです。だからどこでもそうなのですが、私たちにも我が身のこととしてこれを言葉で考えることがなかなか難しいという、私たちらしい理由や現れ方があります。それこそ、こうしたことを言うことが私たちの和を乱すことになるのでしょうが、そろそろそれを言葉にして語る時代に入ってきたのではないでしょうか。

精神分析を実践する私は、言い方に注意しながら、本書でも性愛や暴力性を言葉にします。語る理由は、よく殺人の動機として「痴情怨恨《ちじょうえんこん》」が挙げられますが、それらが人の不幸の根源だからです。

かつて私は、そういうことを言葉にするからかえって問題が起こるように言われましたが、やさしいといわれる私たちもまた、裏では掌《てのひら》を返したように暴力的になるのです。こうして、これらを私たちの深層心理の問題として、言葉で語らねばならないと思うのです。

悲劇の主人公を演じさせる物語

だからポイントは、「ハブられる」という現象は、滑《なめ》らかな表ではなく、裏で起きているということです。ハブられている当人も気づかない場合もあります。この本のタイトルに「深層心理学」と付けたのは、人間の裏側、すなわち「深層心理」から考えて、問題を解きほぐす必要があると考えるからです。

「根回し」ともいわれますが、裏で起きているコミュニケーションについて学習しないと、変わり者はいつの間にかハブられることになってしまいます。先ほど挙げた四つのタイプの人たちは、それを正確に読めないし、あるいは読もうとしてもうまく読めない人たちでもあります。なので、自然に排除のターゲットにもなりやすい。

そして、排除されると悲劇の主人公を演じさせられることがあります。集団から浮いていて、排除されてしまった自分。こんな目に遭うなんて、自分は不幸だ。自分のせいなんだ。自分さえいなければ――。こういう思考に陥ってしまうと、自分だけが潔く去っていくことになってしまいます。

この本の中で詳しく述べていくことですが、実は、私たちの文化の中にすでに、こうした悲劇の主人公を演じさせてしまうような「台本」があるのです。潔く去っていくという結末があらかじめ「みんなの物語」として用意されているのです。だから、私たちの多くが知らず知らずに、この悲劇の主人公のパターンを踏襲《とうしゅう》することになってしまう。

悲劇の主人公を演じさせている物語は、古くから伝わっている説話、神話の中に見出すことができます。昔から代々伝わり、継承されている物語が、この私たちの行動にも影響を与えていると私は考えます。いや私たちにとってしっくりと来て、共有されて反復するものだからこそ、代々継承されてきているともいえるでしょう。したがって、説話や神話に見られる、私たちが共有している悲劇的な物語の筋書きを知ることが必要です。

つまり、裏で進行しているメカニズムを私たちの深層心理にまで掘り下げて考えていく。裏で起きている**見えにくい**現象を**見える**形に可視化していくことが大切です。そのことも、この本の大きな課題となります。

責任者は「空気」？

しかし、この可視化する作業も簡単ではありません。みんなからのけ者にされ、ハブられている場合、それを行っている責任者は明確ではありません。同類化した集団となってターゲットを排除している場合、顔のないことが多いのです。いわば、その場の「空気」でそうなってしまったといわれる仕組みです。

我が国が先の戦争に負けたとき、誰が戦争を起こしたのか、戦争の責任は誰にあるのか、自分たちでは明確にすることができませんでした。「根回し」をした者がいるのに、その時々、その場その場の「空気」が決めたことで、まるで「空気」が責任者であると言ってしまいそうです。「空気」は無責任であり、したがって誰も責任をとろうとしない。

すなわち、この本ではハブられるメカニズムを可視化していくことが大きな課題であると述べましたが、メカニズムがわかったとしても、誰が排除している責任者なのかはっきりしない場合が多いのです。なので、排除のターゲットにされてしまっている人たちは、まずその悲劇の筋書きを読んでそこから降りることが大切です。無責任なものに巻き込まれて、振り回され、苦しめられているところからは距離を置き逃げましょう。

では、どうやったら降りることができるのか。これもこの本の大きなテーマです。

すでに家族の中にも裏はある

自分だけがハブられ、のけ者にされているという感じは、みんなが裏でつるんでいるのではないかと考えるようになることと並行します。みんなには重要な情報が共有されているのに、それが読み取れないので、自分だけにはまわってこないと。私たちは「和」や「つながり」を重んじるといわれますが、だからこそ自分だけがそこから排除され部外者となってしまいやすい。

実は、こうした感覚は、ハブられることによって初めて起きるわけではありません。幼いころからすでに始まっているのです。つまり、学校や友だちとの間で起きる以前に、生まれや育ちの中でもすでにこうした感覚を持つようになりやすいのです。

社会には裏と表があります。内と外という言い方もされます。そして、私たちの場合はこの落差が大きく、ウチや裏で起きていることが表からは見えにくくなっていることは、すでに述べました。いずれにしろ、多くの大人たちはこの二重性を維持しながら生きています。

しかし、赤ん坊には裏も表もありません。丸裸の状態で生まれ、お腹が空いたら本能の赴くままに泣きます。そして、成長して社会に適応していく過程で、二重性を身につけて維持する力を養っていくわけですが、幼いころには、それは備わっていません。それに親の態度や行動に裏と表があることなどを、幼い子どもは知りません。でも、家庭の中にも、裏と表がたくさんあるわけです。

たとえば、毎日の生活を維持するためには、親が働いてお金を稼いで、そのやりくりをしないといけません。このやりくりの部分は裏に該当します。でも、お腹が空いたとわめいている子どもには、この裏の部分は見えてきません。あるいは、あえて親がそうした裏を見せないほうがいいと判断している場合も多いでしょう。そうした二重性のことは大人になる過程で知らされたり、自然に学習したりするものも少なくありません。

ところが、その裏が突然、本人に知らされて衝撃を受けて、ショックを覚えるようなこともあります。「実はうちは借金をしていて、お金のやりくりが厳しいんだ」とか、「実は、お前は養子でもらわれてきた子どもなんだ」とか、「実は、お父さんには、前に結婚した女性との間に子どもがいるんだ」などなど、いろんな裏がありえます。

重要なことは、家庭内においても、本人に秘密にされていることがすでに存在しているということなのです。そして家庭内であっても、すべてが明かされているわけではないということです。それをむしろ当たり前のこととして思っておいたほうがよいのです。

家庭内で秘密にされていることの最たるものは、両親の性交《セックス》でしょう。このことについては、文化によってはかなり状況が違います。一人寝の文化では、子どもは幼いときから、たいてい両親の寝室とは別の子ども部屋を与えられています。一方、私たちの場合、子どもは父親と母親の間に「川」の字となって寝ていることが多いようです。しかも、子どもがかなり大きくなっても、そうした状態で寝ている場合が少なくありません。

両親の寝室が別の場合、そこに子どもが知らない秘密のあることが、ある意味、理解しやすい環境となっています。欧米では、人前で抱き合いますし、キスもする。しかし、私たちの場合は、一見するとその秘密がないようにも見えてしまいます。つまり両親の性的な結びつきが、秘密だとわからない形でこっそりと行われ、実は秘密にされている。両親が裏でつるんでいることが見えないのです。

実は、こうして親も「裏でつるむ」という文化の特殊性も、ハブられることを理解するうえで、とても大切な手がかりです。この本の中でも取り上げて、考察していきます。

迷子になると〈あなた〉を見つけられない

ハブられている人たちは、突然、迷子になってしまったような状態に似ています。これは、私が診察している患者さんなどからよく言われることです。

いままで仲間だと思っていた人たちが、実は、自分をのけ者にして裏でつながっていた。自分だけが取り残されていた。しかも、周辺過敏の人には、自分のことについて、ああだ、こうだと裏で言われているような感覚もある。信用していた友だちや、味方だと思っていた〈あの人〉が裏切ってしまい、自分を排除する向こう側の〈みんな〉に取り込まれてしまい、見えなくなってしまった。もう誰を信用していいのかわからない。

「迷子になってしまったみたいなんです」と切実に訴えてくる患者さんたちを診ていると、本当にその表現にぴったりの、定番の悲劇が進行しているのだなと考えます。

誰かに相談すると「気にしない気にしない」「考えすぎだよ」と簡単にあしらわれますが、何か起きると、「私に言ってくれればよかったのに」「なんで相談してこなかったの」と言われることもあります。しかし、当人は迷子になりやすいので、信用して相談できる〈あなた〉を見つけられずにいるのです。

こうした場合、本人が何かのきっかけで、信用できる〈あなた〉を見つけるか、あるいは、迷子になっている当人に周囲が声をかけて、道案内をしてあげなければ、この状態から抜け出すことは困難です。

そうなると一人で悩んで、考え込むことになってしまいます。これは「一人芝居」を舞台の上でくり広げているようなものです。「一人相撲」といってもよいでしょう。舞台の上には自分しかいない。一緒に演じて、セリフをかけ合うような相手がいない。周りは、ただ客席に座ってながめている観客のみ。ハブられて苦しんでいるのは、こんな状況にたとえられるでしょう。

人生を劇としてとらえてみよう

いま、私は「一人芝居」という言い方をして、演劇を比喩に使いました。実は、人生を劇としてとらえる見方はとても重要な視点なのです。これを私は「劇的観点」と呼んでいます。この本でも、この考え方をくり返し活用しながら、話を展開していきます。

人生という劇に、私たちは最初、丸裸で参加させられることになります。参加しながら、やがて衣装を着て、セリフを話せるようになり、ある役を演じるようになります。

そして、これが重要なことなのですが、良い子や優等生など、私たちはあらかじめ用意された役割を演じさせられていることが多いのです。先ほど、悲劇の主人公を演じさせられる物語について少し触れました。そのことと、まさに関係してくることです。このことについては、この本の中で詳しく述べていきますが、ここで強調したいのは、このような見方を持っていないと、周辺過敏者は人生を生き抜くことは、かなり厳しいということです。

人生を劇ととらえてみましょう。実際の演劇には、観客に見せる舞台だけでなく、役から降りて素顔に戻ることのできる**楽屋**があります。そして、人生にも、この楽屋に相当する部分がぜひとも必要なのです。そうすることで、人生の中での役割を考え直すことができるようになる。また、演じさせられている**台本**があることを知り、それを読むことで、よりよい台本へと書き換えていく、あるいは、新しく創っていくことができると私は考えています。それによって、自分らしく生きることのできる人生を創ってまいりましょう。そう私は提案します。

人生を劇にたとえると「人生は真実ではなく、むなしいお芝居なんですか？」と言われ、ネガティブなイメージでとらえられることもあります。でも、たとえば、自分が「優等生」を演じさせられて苦しく感じているとしたら、それは自分のせいではなく、舞台の上で役割を押し付けられ引き受けているからなんだと考えたほうが、楽にならないでしょうか。確かに人生は演じるものではなく、生きるものです。しかし、役を演じさせられていると考えることで、「優等生」から降り、そうではない自分を選ぶことができるかもしれないし、ずっと生きやすくなると私は考えます。

序を終えるにあたって、簡単に私の自己紹介をしておきましょう。私は大学生のときにフォーク・クルセダーズというバンドをつくり、音楽活動を行っていました。自主製作でつくったアルバムの中にあった「帰って来たヨッパライ」という曲が突然ヒットして、舞台に上がることになりました。

メジャーとしての活動は一年で終え、私は大学に戻り、やがて精神科医となります。そして、その傍《かたわ》ら作詞家としての活動も続けてきました。いまも精神分析で心にアプローチするセラピストとしての仕事を中心に置いて、研究・講義、そして時々の音楽活動を続けています（詳細については、私の自伝『コブのない駱駝——きたやまおさむ「心」の軌跡』（岩波現代文庫）をご覧ください）。

こうした私の少し変わった人生の経験も、この本の中で活かしていきたいと考えます。

第1章

なぜハブるのか
——同化と異化の生理

どうして「ハブられる」という現象が起きるのでしょうか。ここではまずハブる側の心理や行動に注目して、その深層のメカニズムを考えてみましょう。

ここに書くことも、文化や人種を越える話で、何も日本人だけの問題ではありません。その普遍性を詳しく書けないのは、誰も多くの集団の深層心理を、文化を越えて詳しくは知らないからです。だから私たちは、日本人のことをモデルにして、この問題を考え、私たちのやり方を深く考察するしかないのです。

1　「違うもの」を無意識に排除してしまう原則

無自覚にくり返される同化と異化

人は集まって、グループを形成します。本来、グループを形成している一人ひとりは、それぞれいろんな考えを持っているはずです。ところが、後で説明するように、集団内では自分たちが同類であるという同類幻想を共有するので、グループが一つの考えにまとまって、まるで一つの人格や一つの心になって行動する場合が起きやすいのです。それで、ここではグルになる集団について、まるで一人の人格の心理のように語ることにします。

もともと似た考えを持っていて似た者同士だと感じるなど、同類志向の高い人たちが集まれば集まるほど、集団の同質性や等質性は強力になります。つまり、同類幻想を共有した集団は、自分たちと同じ考えの者、性質などが似ている者、すなわち**同類**を仲間に取り入れて、仲間でない者や異なる考え、分類が難しい者たち、すなわち**異類**を排除しようとするという基本原則があります。難しい言い方に聞こえるかもしれませんが、またこの用語は専門の学問では別の意味で使われるのですが、**同化**と**異化**を無自覚にくり返しやすいといえるでしょう。

無自覚というのは生理的に、反射的にということであり、同化では仲間を取り入れて自分のものにし、異化では仲間ではないものを吐き出し、排出するのです。人の心の機能は、腸や胃という消化器の機能にも似ています。快適なもの、おいしいものはどんどん吸収する一方、無責任な心は異物や不快なものを吐き出し排出するものです。

でも、栄養のあるものが必ずしもおいしいとは限りません。「良薬口に苦し」といわれるように、病気になった身体を治すための薬はおいしくありませんよね。身体に良いものなのに、まずいから、不快だから反射的に吐き出してしまっている場合があるのです。逆に、身体に良くないのに、おいしいからと摂取していたら、実は毒が含まれていたということだってあります。

同類幻想を抱く深層心理には同じものを取り入れて、異なるものを排出するという基本原則があるといいましたが、成長するにつれ、個人個人はそのことを意識し、思いやりを持ち、よく考えて、つまり意識して摂取も排出も行うことを学ぶのです。しかしそうなるにつれて、あからさまな同化や異化の傾向は、表ではなく裏に抑圧されることになります。それは、嘔吐《おうと》や排泄《はいせつ》と同じように、そして悪口や陰口が、表から隠されたところでなされるのと同じでしょう。

表のルールは裏では通用しないことが多い

大人として考える場合、不快だから、気に入らないからと反射的に人や物事を排除してしまうのは子どもっぽいことでしょう。それで、好きというよりも、よく考えて良いと判断できるものは取り入れ、あるいは、生理的に嫌いだからというよりも、よく考えたうえで良くないと思える考え方などを排除していける社会のほうが、豊かで健全な社会であることは理解できると思います。

他方、無責任な人の心には、不快なものや嫌いなものを反射的に排出してしまう基本メカニズムがあるのです。だから、排除や差別を人間の意思や、社会での原則や決まりなどで制御していくことが必要になってきます。実際そのために、私たちの社会には法律やルールなどがあります。

ところが、法律や社会のルールといったものは、公《おおやけ》のレベルの話です。すなわち、人間社会における表の部分にあたるわけです。一方、人間が生活していく際には、公の部分に対して、見えにくい裏、私的な部分があります。裏では、友だちや仲間、ＳＮＳや陰口、噂でつながっているといった、表の上位のレベルに対する下位のつながりもあるのです（**図1-1**）。

この下位のコミュニケーションでは必ずしも表の決まりが通用しません。たとえば、「仲間外れはよくない」という表のルールがそのまま、普段の友だち関係の中で活かされているでしょうか。そんなことはありませんよね。「あいつはウザイから付き合うのはやめよう」という裏の「申し合わせ」は、「裏のつながり」を介して、あるいは見えない「内輪」で起こることです。

学校なら先生のいるところといった場面が表だとすると、仲間内といった下位グループは裏の交流が盛んに行われるわけです。裏には公的なルールがそのまま適用されるわけではないし、先に述べた生理的な吸収と排出、同化と異化のメカニズムが発動しやすいのです。不快なものを無自覚に反射的に吐き出して、自分たちに都合のいいものをどんどん取り入れたがります。そして、誰もが排出する側にも、排出される側にもなりうるのです。

図1-1　公(表)と私(裏)

「そうしたことはよくないからやめましょう」と言ったところで、「裏のつながり」がはびこるところでは簡単には止まりません。なぜなら、「やめましょう」というのは表の言葉であり、仮にその現象が表で見えなくなっても、校舎の物陰やトイレといった裏でさらに深く進行していくことにもなるからです。無自覚で反射的な吸収と排出を調整するには、この無意識のメカニズムを理解し、それをきちんと意識化しておくことが必要なのです。これが、私が実践し続けてきた精神分析の原則となります。

無自覚に起きるメカニズムを知る

まったく無自覚で反射的に同化と異化がくり返されている状態は、そのグループの心がコントロールセンターを失い、無政府状態になっているようなものです。それは未熟な子どものような状態で、危険な方向に簡単に暴走しやすく、制御しにくい状態です。

そうならないために、このメカニズムを知り、意識化していくことが大切です。グループに、セルフモニタリング装置、GPS機能を身につけさせることで、無意識に行われる吸収と排出に目を向け考え直して、自分たちの意思で対処していくのです。

しかし、そのことを言うだけでは人びとの抵抗に遭い、そう簡単にはグループ自体も民主的で公平なものへと向かわないでしょう。簡単に人や物事を排除する傾向も少なくならないでしょう。つまり「思いやり」や「助け合い」が大切だとか、「正直に生きましょう」などと言えば言うほど、現象は裏にもぐることになるようです。

なので、無自覚で反射的な吸収と排出のメカニズムを、さらに劇的観点から、事態を考えてこなしていくことにします。

2　グループで働く同調圧力

同調圧力と人格化

ハブられる、排除されるという方向性が悪意として示される場合、差別やいじめという形でなされます。集団内でその進行を、匿名で発動させるのが**同調圧力**です。いわば無言の圧力です。すでに述べたように、人間が形成するグループには無意識に同化していこうとする働きがあります。「類は友を呼ぶ」「朱に交われば赤くなる」ということわざがありますが、似た性質や考え方を持った同じような人間で集まるとき、一番簡単なフォーメーション（まとまり）のモデルはヒト型です。つまり、個々の人からなる集団全体が、一人のヒトのように機能し、一人のヒトのように見えるということです。形成された原始的なグループは、基本原則である吸収と排出を行うだけで、一つの人格のように生理や心理を持って、まとまった機能を感じることになります。集団が人のように機能すると、見えない神や悪魔が人間の形で描かれるのと同じで、恐ろしい悪魔としても人格化されることになるのでしょう。

グループとして行動をする場合、考え方や方向性がバラバラだと人格的に機能できません。裏グループが存在感を持って動く際に、噂や些《さ》細《さい》な情報だけで考え方や方向性などが共有され、動きもシンクロしているほうが人格的です。そして顔のないまま、「人を見る目のない」「自分のない」人たちが集まり、A君が目をやり、B君が足となり、Cさんが声を出すなら、グループはますます立派に人格化する。それで付和雷同による言動にまとまりが生じ、A君もB君もCさんも普段より大きくなったように感じる。逆に、ただのバラバラ状態が続いていては、烏合の衆は消滅します。

グループが生きるためにも、メンバーのシンクロが保持され、人格として統合的にまとまる「ダンス」、つまり集団演舞やマスゲームのように、エネルギー発散を行うことで大きな喜びを生み出すのです。そして重要な個人心理は、一人でいじめや差別をやると個人の責任が問われやすいのですが、グループとしてやるなら、後から「僕は反対意見だった」と言えることです。つまり、裏で個人の顔のないまま人格化する活動は、頭で考えないので、ますます無自覚で無責任になりやすいのです。

こうして、集団の問題なのに個人の心理学である精神分析の無意識論が応用可能になるというわけです。そして問題のありかを深層から探るというのは、表面に対する裏の心の解読を意図しているからで、このアプローチは深層心理学と呼ぶのがぴったりだと考えます。

危機に陥ると強まる同質化

そのうえ、グループの維持が困難に直面したり、グループの存続に危険が及びそうになったりすると、一時期まとまろうとする作用も強くなる傾向があります。つまり「一丸」「団結」が強調されやすくなり、まとまりのいい人格化が強まるわけです。

たとえば極端な場合、戦争が起きると自国を第一とするナショナリズムが高揚し、それに異を唱えるものを排除・弾圧したり、異なる民族を排斥したりする歴史がくり返されてきました。この国では、戦争のときに、国粋主義という動きが起きました。近代から影響を受け続けてきた欧米化を否定して日本固有の文化や伝統を強調し、愛し合う同類たちの優位性を主張するものです。特に自分たち「日本民族」の純粋性、同種性を強調し、それによって戦争に向けて意識をまとめようとするわけです。目的を共有できない者、逸脱する者に対して「非国民」などという言葉が投げかけられました。このように日本でも同類化は起きやすいのです。

戦争に負けたら自分たちの同種、純潔、同類の集団維持が危うくなる。そうした同類性の危機状況であることが強調されるなかで、異物を排除し、純粋性を強調する動きが強まっているのです。その意味では、現在も感染症という異物侵入の危機に応じて、同類性の強化が起こりやすい状況にあるといえます。こうした危機の状況では、序であげた四つのタイプの人たちなどは排除されやすくなります。

同類化と同調圧力

同類化が強まっていく過程で作用しているのが、いわゆる同調圧力です。排除や排斥《はいせき》といった実際の行動だけではなく、それ以前に無言の圧力によって集団が同調して異物を排除していこうとする動きが起きてくるのです。

グループの意思が統一されていたほうが、グループにとっては動きやすい。また余計なものが混じらず潔癖で純粋であるほうが、グループとしては美しく感じられる。グループが一つの人格として機能することで、個々人のバラバラの意思よりも、グループの一糸乱れぬ「ダンス」が優先されていくのです。

違うことが許されないなら、目立つ「出る杭」は同類幻想を維持する集団にとっては邪魔な存在となってしまい、不要なものとして排出されやすくなる。あるいは、差異が生じることが許されにくく、一体になることが無意識に求められ、それが個人への圧力となる。これが同調圧力でしょう。同類であることだけが要求され、同じになれないと排除されそうになる。こういう深層心理はとても危険なことです。

孤立したからこそ見えてくるもの

排除されると、急に迷子になってしまったという思いに襲われます。でも、実は、この体験自体もけっしてマイナスのことばかりではないのです。

というのは落ち着いて考えれば、「ひとり」になることで、いま自分が経験していることについて深く考えたり、自分の生き方などについて内面を見つめ直したりもできます。「引っ込み思案」などといわれますが、引っ込んで思案するためのチャンスととらえることができれば、孤立することは悪いことばかりではありません。

私も裏切られて、みんなから孤立し、孤独を感じ、寂しいと思った経験は、少なからずありました。確かに怖く、心細いものです。でも、そうした苦しさを経験し、悩んだことが、のちに深層心理学に出会うきっかけにもなりました。

孤独を経験することで、自分の内面には心があることに気づき、心の中でどんなことが起きているのかを見つめる機会を得ることもできます。「心眼《しんがん》」という言葉があります。目に見えない心や人間の真実を、心の眼によって読み取ることを意味します。居場所を得て、目に見える形で表に現れている世界と距離を置いて、心の内面を見つめ、そこから外を見る。そうすると、自分の外で起きていることと、自分の内面とを分けて考えることができるようになり、自分の「分」、つまり自らの分として分け与えられているもの(詳しくは第8章1参照)が把握されてくる。それを「自分だなあ」と実感されることがとても大切なのです。

でも、こうした自分の「分」に気づくことができないと、外側の世界と自分の内面の世界とが入り混じり混乱が生じます。つまり外側で起きていることに、自分の内面や主観が巻き込まれてしまいます。「巻き込まれる」という言葉には「巻く」という言葉が入っています。回転するイメージです。グルグルとまわって、めまいが生じているような感じです。

排除されかけ、孤独を感じる経験はとても大切なことです。被害的な視点で外のことばかりが気になったり、孤独に陥るかもしれませんが、ここで踏みとどまって、自分の内面を見つめ直せば、新しい世界と、違った自分が見えてくるかもしれないのです。

しかし、逆に、排除されないようにと外側の世界、自分を排除しようとしているグループにしがみついてしまうと、ますます周囲に巻き込まれていくことになり、自分を失うことにもなってしまうのです。

3　吐き出す受け皿を求めて

すっきり感を伴う吐き出し

仲間内集団は無意識に反射的に同化・吸収を行い、自分たちと異なるものを排出する原則があることを説明しました。また同化する過程で起きる同調圧力についても見てきました。次に、排出する現象、すなわち異化現象について考えてみましょう。

スケープゴートという言葉があります。民衆の不平や不満をそらすために、特定の者を身代わりにして犠牲を負わせることを意味します。人びとの罪をあがなうために、山羊《やぎ》(ゴート)を犠牲として野に放ったという旧約聖書の話が語源となっています。集団における排出は、スケープゴートを見つけ、それをターゲットにして憎悪をぶつける現象も含みます。

排出するというのは、つまり吐き出すということです。不快なものを吐き出すと、すっきりして気分がよくなる。異物を外に捨てることができ、純粋さや同類性を保つこともできる。そして、心理的に吐き出すという行為は結果として心地よさを伴うことになるのです。すっきりするために、反射的に吐き出すわけです。

しかし、吐き出すためには受け皿が必要です。それで、誰かがスケープゴート、犠牲になってくれるとありがたい。そこを受け皿として、そのターゲットにめがけて吐き出すことができるからです。

たとえば、コロナ禍などでなんとなくモヤモヤした気分になっている。「不要不急の外出」に対する自粛が要請されて、自由がきかずになんとなく息苦しかった。この先、自分や社会がどうなるかわからず、不安だ。そんな状況の中で、すっきり感の伴う吐き出しの受け皿が人びとから求められる状況が進行していました。そうすると、誰かをターゲットにして、そこへめがけて憎悪が吐き出されるといったことも起こりやすくなります。

「こっちは自粛しているのに、自粛していない奴がいる」「要請に従っていない店がある」「医療従事者とその家族が感染源だ」と悪者探しが始まります。マスメディアでも悪者探しが行われますし、SNSなどの裏の部分では、ますますそれが進行し過激化していくこともあります。そこに、誰もがターゲットになる危険性があります。

自分がターゲットになったとき、心の平静を保ち、病気にならないで健康を維持するためにも深層心理学は必要です。私はこうしたときの戦略を教育の中で身につけていくことも大切だと思っています。もちろん、この本もそうした戦略を考えるためのものでもあります。

あらかじめメカニズムを知り、逃げ道を探す

吐き出される内容には一貫性はありません。大抵ああだこうだ、あれやこれや、あることないこと、まとまりのない中身が反射的に吐き出されるのです。なんだかんだと言われ、その場限りで一貫性がありません。次々とたくさんの情報がまとまりなく、異物視されたターゲットになっている人に押し付けられるのです。

それで、特に周辺過敏者はネガティブな情報に刺激され、心理的に振り回されることになります。繊細で神経過敏な状態がますます強まっていきます。あちこちに注意を向けることになり、かえって注意散漫な状況にも陥ります。

そして、ターゲットになっている人の神経が刺激され、それをやり過ごすことができず、強く反応してしまう場合は、ますますターゲットにされやすくなってしまいます。吐き出すための最適な受け皿と受け取られてしまうのです。

しかも、本人が気づかないうちに集団の受け皿となり、「悪目立ち」して、ハブられて排除の対象となってしまいます。「あいつさえいなければ」あるいは「自分さえいなければ」という筋書きに巻き込まれていってしまいます。

このとき、こうしたメカニズムや展開の深層心理学をあらかじめ知っていて、自分がいま集団の憎悪の受け皿になってしまっているんだ、それは不合理にも「はけ口」になっているんだと気づけるかどうかの違いは、とても大きいと思います。

集団は「はけ口」を探しているのです。もし、その受け皿になっていることに気づければ、周囲や自分の心の状態を読んで、誰かに助けを求めることもできるでしょう。子どもの場合、学校の先生や親、攻撃している集団とは別の友だちや仲間に相談することもできるかもしれません。

いま、例として学校の先生といいましたが、学校というシステム、あるいは私たちの教育システムにおいて、先生自体が子どもたちに同調圧力を押し付ける役割となっている場合も少なくありません。また、信頼できる友だちや仲間がいないという人もいるでしょう。

そんなとき、学校では、保健室の先生に相談するのもよいと思います。あるいは、最近では学校にスクールカウンセラーが配置されています。臨床心理学の専門的な知識を持ち、子どもたちの相談を受ける専門家です。こうした人たちは、学校の同調圧力の外にいようとするはずの存在です。

私たちのような外部の専門家に相談するのもよいと思います。誰に相談してよいのかわからない、自分の判断に自信が持てないというときでも、あまり身がまえないで内科医や小児科医などに相談して、自分なりの逃げ道を見つけておくのは大切なことです。ただし、実際には私たちのところに相談に来る前に、すでに吐き出しの受け皿として巻き込まれてしまい、深く傷ついて立ち上がれなくなってしまっているケースが多いことも事実です。

また、不安な気持ちになったとき、インターネットなどを検索して「出会い系サイト」などに引っかかってしまうことも、最近、よくあります。一見、気持ちのよい誘い文句に心を動かされたりするかもしれませんが、困っている人を本当に救い出すことはほとんどありません。

ですから、スクールカウンセラーや精神科医などの専門家がそれほど身近でなかったり、限界があったりもしますが、それでも根気強く探して、そういう機会を活用することも視野に入れてほしいと思います。そしてまた、この本で述べていくこともぜひ活かしてほしいと考えます。

深層心理学的な展望を得るために

ただし、この本ではなかなか扱うことのできないケースがあることも述べておきたいと思います。強い対人恐怖症的心性があったり、あるいは、みんなにいじめられているという強い確信を持って恐怖を感じていたりする。「自分が臭いから」「自分が醜《みにく》いから」などと自分に問題があると思い込んで、その考えから長期間抜け出すことができない。こうした症状を持っている人たちがいます。

こうした場合には、空想と現実が入り混じってしまい、もうまともに考えられない状態に陥っており、精神的な病を発症している可能性があります。そんなときは、すぐにでも精神科医などの専門家に相談したほうがよいでしょう。

どこに行っても、自分の悪口が聞こえてくる、どんな言葉も自分への攻撃に感じられる、そして「自分なんか消えてしまえばいいんだ」と実際に自傷行為をしているといった場合は、専門家の援助を得ることが必要でしょう。

私がこの本で対象としているのは、ある集団の中で適応しながら何とかやっている人たちであり、深刻な「心の病」がまだ進行していないという場合です。周辺過敏者のポイントは、自分が考えすぎているのかどうか、神経質なのかどうかと葛藤し、悩んでいることです。

つまり、ある友だちの集団や学校のクラスの中などでハブられていたり、あるいはＳＮＳの中でターゲットにされているのは悩ましいけれど、それは「どこに行ってもそうだ」というわけではない。すなわち社会全体ではなく部分的な集団の中で起きていることでしかないといった場合です。もっとも、ハブられたり、ターゲットになってしまっている当人には、そうした正確な理解を持つことが難しいかもしれません。

したがって、そうなる前にその深層心理の仕組みを学んでもらい、それに対処するためにも深層心理学的な展望を得て考えておこうというのが、この本の目的となります。

第2章 排除する深層心理

前章では「ハブる」という行為が原始的な集団内で起こる同化と異化のメカニズムについてお話ししました。この章では、ハブる側の深層心理について、さらに掘り下げてみたいと思います。

序でも触れましたが、私たちの行動にはあらかじめ台本が用意されており、それを当たり前のように演じている場合がたくさんあるのです。特に、集団によるハブる行為は世界中で起こっていても、特定の集団での具体的な言動のあり方には、これを動かす深層心理的な仕組みがあります。この仕組みがどんなものなのかを理解して、まるで一人の人格のように働く集団を成立させる幻想や、愛と憎しみの構造を考察していきたいと思います。

1 集団を結びつける同類愛

同類愛とは

個人にマイナスの印をつけて「ハブる」という現象が起きている場合、「同質性を維持しようとする仲間内集団」対「排除される個人」という図式になっています。この同質性や等質性を維持しようとする集団には、**同類愛**というものが働いています。これが、集団によるハブる台本の顚末《てんまつ》を決定しているのです。同類幻想というのは、特定の集団が同類によって成立しているという幻想を指します。これを共有する同類同士が愛し合うという同類愛が、さらに強固な同類意識を形成させ、異類を排除する傾向をますます鮮明にするのです。そして世界史から学ぶべきは、これを人間が家族や仲間レベルだけではなく、国家規模や民族レベル、さらに宗教単位でも反復するという事実です。また日常でも、ご存知のように、責任ある立場の者による蔑視発言や障害者へのいじめ問題などにおいて、同類幻想を垣間見せる報道が連日続くことがあります。

もっともここでは、身近な例をあげましょう。たとえば子どものとき、男の子は男の子同士で、女の子は女の子同士で遊び、秘密を共有し合うのは、ごく自然なことです。大人になってからも、男同士、女同士で集まり、男だけでわかる話、女だけでわかる話を共有しようとする傾向も生まれます。

そして、同胞、同好、同窓、同学、同門、同郷といろいろありますが、これも同類幻想や同類愛に基づいているといえます。「同窓だから安心だ」「同士だから安全だ」「同郷だからわかり合える」という思いは誰にもあり、強烈な同類愛の例となります。「同類だからこそ互いにわかる」という思いは、当然ながら「同類ではないお前にはわからない」という排除の方向にも向かいます。

ただし、同類幻想の強化は、思春期において家族からの自立に向かうためにも、大切な心理です。思春期は、家族外の居場所を得て、自立と自己発見の機会を経験し、通過しなければならない時期だと青年心理学ではいいます。野球チームのファンで仲間をつくってみたり、好きなバンドのファンで集まったり、応援するサッカーチームと同じユニフォームを着て自分もメンバーの一員だと感じたり。このように仲間をつくるなかで、自己やアイデンティティを確立したり、自分探しを行うための足場をつくったりするのです。

小学校高学年は、ギャングエイジともいわれますが、ときに激しい自己意識を持ち、仲間で「徒党」を組むことからもそう呼ばれます。ということは、この同好の士だけで集まろうとする傾向を自覚できる思春期・青年期こそ、自己を素材にして、同類幻想を伴う潔癖主義や純粋主義の深層心理学を学ぶ絶好の機会となるでしょう。

これが起きるのは、子どもと大人の間にある若者こそ中途半端で居場所がなくなりやすいからなのです。また、第二次性徴などで身体が大きく変動するので、子ども的なものと大人的なものが入り混じって自己の不純感、異類感が増すという事態が発生するのです。これに抗するようにして同類幻想が強化される若者集団には、その集団だけで通じる合言葉や合図などもあり、それが理解できないと集団から排除されてしまいます。言葉だけではなく、ファッションが同類の証拠となり、異類を排除するための当たり前の方法となるのです。

音楽と狂うこと

どの時代においても、どの年代においても、同類幻想を伴う集団づくりは行われ、それは排他的な性質を持ちます。先ほどのサッカーチームの例でいえば、同じユニフォームを着てチームの一員になったかのように思う気持ちが強くなれば、仲間と居場所を得て、一丸となって相手チームへの対抗意識、敵愾心《てきがいしん》なども強まります。当然のごとく、選手だけではなく、サポーターまでが日くじらを立てて戦うのです。

私は若いころ音楽活動をしていましたが、思い起こすと、音楽活動でも、そうした傾向は強いように感じます。私は二〇代のころ地元の京都で、学生バンドで音楽活動をしていました。そこで、東京に出て下手な関東弁をしゃべったりするようになると、裏切られたと感じる京都のファンから「京都人として恥ずかしい」というような言い方をされるのもよくわかる話でしょう(私の場合、父が島根県出身であり、また京都の駅前のいろんな言葉が入り混じる環境で育ちました。それで相当おかしな関西弁をしゃべりますので)。

また、場違いな場でライブ演奏すると、自分たちの望んでいる音楽ではないと考える観客からは「帰れ!」などと「帰れコール」を浴びせられたりもしました。聴衆としては自分たちの好きな音楽によって、一体感や連帯感、そして同類愛を確認するわけです。

外国曲のコピーバンドであった私たちがオリジナル曲でメジャーからデビューしたこと自体も、自分たちの考える音楽とは違っていたりしたのでしょう。もともとフォークシンガーだったボブ・

ディランが電気楽器を持ち込んでロックを始めたときも、「裏切者」などいう言葉が投げつけられました。趣味や嗜好《しこう》のことにおいても、多様性を認めるのは、本当に難しいことです。あるジャンルを嗜好する人たちが集団をつくり、それ以外は認めたがらない。ある特定のジャンルの音楽、ある特定のバンドを強く愛して、その仲間で集団をつくる。自分たちの嗜好から外れていると、途端に受け付けない。自分の好きなバンドであっても、自分たちが嗜好しているような編曲で演奏してくれないと、途端に文句をいう。

特に音楽ではアンサンブルや調子が合うことが大事で、音程が外れたり、リズムがずれたりすることが、絶対といって良いほど、許されませんよね。ヘタクソといわれて排除されます。音楽こそ「和」を大事にしており、音程やリズムが「狂っている」という言い方をします。

「狂っている」すなわち狂気という問題は、精神医学が最も扱うべき主題です。音楽は国境を越えてゆくので「愛」や「平和」というイメージがありますが、実は、排他的な同類愛幻想が働きやすく、狂っていることやズレていることに対して冷たいのです。

芸術が生まれるとき

音楽に限らず、芸術や文化というものは、人びとを感動させる、人びとの心をつなぎ合わせる、「包み込む」という役割がありますが、一方で、人を排除する排他的な側面もあります。どんなに人気を得て、大衆性を獲得した芸術・文化であっても、世の中すべての人に支持され、受容されるものは存在しません。私の感覚でいえば、どのような大衆文化であっても、常に半分ぐらいは理解できない人、好きになれない人、その芸術・文化に付いていけずに、置き去りにされる人が現れるのです。かつてロックが若者たちに絶大な人気を持ったときでも、ロックが嫌いだという若者は必ず一定数はいました。

さらに、どんな音楽も、芸術も文化も自分を受け入れてくれない。そう悩んだとき、自分だけの音楽をつくるしかない、自分だけの絵画、文学をつくるしかない。そう思いはじめ、そこからまったく新しい芸術・文化が誕生することもあります。だからこそ結果的に、芸術・文化は多様であるということにもなるわけです。

また、序であげた四つのタイプのような人から、多く芸術家が現れる、もしくは、芸術家にはそうしたタイプが多いというのも、うなずけるのではないでしょうか。

2　いじめを行う心理には憎悪と愛情がある

いじめは憎悪だけではない

ハブる集団を説明する心理として、同類愛幻想と並んで、もう一つ重要な要素があります。いじめたり、排除したりするのは攻撃性の一種ですが、それは必ずしも憎悪だけでなされているわけではないということです。そこには憎しみと同時に愛情という**アンビバレント**な心理状況があるのです。「アンビバレント(ambivalent)」という英語は、「アンビ」が「両方」を意味し、「バレント」が

「価値を持つ」を意味しており、相反する感情などを同時に持つことを指します。「両価的」と訳されることもあります。

いじめや排除のターゲットになるのは、嫌われているからというだけではありません。むしろ、ターゲットにされている人が才能があって特別視されていたり、うらやましがられていたり、愛されていたり、といった場合も少なくないのです。

また、いじめというグループにとっての「遊び」や「ふざけ」が成立するためには、当然ながら、いじめられる役割を果たす子が必要です。つまり、「いじめられっ子」はグループにとって必要な存在とされており、そこには一種の愛情が向けられることさえも起こりえるのです。

憎まれているけれど、一方で愛されてもいる。逆に、愛されてもいるけれど、憎まれてもいる。美しい晴れ着に墨汁をかけるなどの破壊行為や、「可愛《かわい》がる」といわれる行為に暴力が伴うのを理解するためには、愛と憎の相反する感情が同時に存在するという心理状態を知る必要があるのです。いじめっ子が、妙にやさしかったり、いじめられっ子を誘ってくるのは、このためであることが多いのです。

いまや世界的に有名になった日本語の「可愛い」は、「可哀想《かわいそう》」という憐憫《れんびん》の情と隣りあっています。さらに、私たちの「愛」は、見る側の「見てられない」「ほうっておけない」という自分の苦痛を回避するために生まれているという観察があります。平等の愛、対等の愛というよりも、上から目線の下位に対する「愛」であり、相手の苦痛を除去するためというより、自分本意なケースもあります（北山修『意味としての心――「私」の精神分析用語辞典』（みすず書房）参照）。

だから、特定の誰かが目を付けられて行われるいじめや排除は、けっして憎悪からだけではないでしょう。自分が好きだった個人が、違和感のある存在となり、仲間ではなくなるという喪失感や、自分たちのものでいてほしいという強い独占欲が背後にあって、そうした攻撃的な言葉が投げかけられる場合もあるでしょう。また、「いじる」「いじくる」というのは「弄る」と書きますが、「もてあそぶ」「なでまわす」という意味を持っています。この場合、対象は気になるものだけど、大した意味のないものでもあったりするなど矛盾しているのです。

このようにいじめや排除などが行われるとき、大抵そこには憎しみと愛情のアンビバレントな気持ちが混在しているのです。心のあり方としては、割り切れて憎悪か愛情のどちらかだけというのは、むしろ少ないくらいでしょう。

ダブルバインドで逃げられなくなる

しかし、アンビバレントな気持ちをぶつけられる側は、通常、そうした心のメカニズムを知ることが難しくなります。いじめなどの攻撃が加えられているのに、そのあとに仲間だという態度も示される。俯瞰《ふかん》して見るなら、いじめられ役を押し付けるという意味で、集団には必要とされてもいます。そうすると、いったいどちらが本当なのか、わからなくなり、**ダブルバインド**の状況に置かれます。

ダブルバインドは、日本語では「二重拘束」と訳され、もともと統合失調症《とうごうしっちょうしょう》を発症させるような状況を説明するために、異色の文化人類学の研究者グレゴリー・ベイトソンから提出されました。

自分にとって重要な人物たちに愛されながら、死ねと言われるようなダブルバインド状況が長期化すると思考が麻痺《まひ》してしまいやすいのです。つまり、自分が憎まれているのか、愛されているのかわからなくなり、割り切れず、考えがフリーズし、「目が点」になります。いじめられて苦しいのに、実は自分のことを必要としてくれているのではないか、と思う。それを理解しようとしても理解できず、思考麻痺の状態が長く続くなら、自分では対処ができなくなってしまいます。つまり、逃げられなくなってしまうのです。

いじめや虐待によって痛ましい最悪の結末が生じても、いじめていた側は「こんなことになるとは思っていなかった」と語ることがしばしばです。この言葉け必ずしも嘘ばかりではありません。でも、ダブルバインドの状態が相手の思考を麻痺させて、身動きできなくさせ、行きつくところまで行ってしまうことにもなるのです。

ダブルバインドの状態となり、思考が麻痺してしまう前に、その状況から降りることが大切です。逃げることができるためには、あらかじめ、こうした両価的な愛と憎しみという深層心理的な仕組みを知り、恐怖や被害や脅かしを否定するために「自分は愛されているのだから」という思いだけに引っ張られないようにしなければなりません。いじめや差別などがなされたとき、少し高いところから全体を見て気づくことができるかどうかが、とても重要なのです。このことについて、さらに考えていきましょう。

3　みんなでやれば怖くない——無自覚・無責任の原則

寄って集って

「ハブる」という行為は、たいてい集団によって成り立つものです。集団が個人をハブるわけです。集団での行為は、集団を構成する一人ひとりにとっては**無自覚**だったりもします。集団の「空気」につられてやったというわけです。相手にひどい心理的、さらには身体的なダメージを与えているのに、統率されているわけでないので、**無責任**な「空気」によってそれがなされているわけです。

「赤信号みんなで渡れば怖くない」というフレーズは、ビートたけしが漫才でつくったネタですが、集団の行動心理をうまく言い表しています。冷静に考えれば悪いことも、一人ひとりが無責任になって、無自覚に行動してしまえば大丈夫というわけです。集団でやることによって正当化されてしまうのです。

また、日本語には「寄って集《たか》って」という慣用句があります。集団が一緒になって一人を攻撃するなどの意味で使われます。いじめや差別は一人に対して「寄って集って」なされるのです。

集団が無自覚に無責任に行うなら、誰か一人に原因を求めることができません。誰かに責任を問うことができない仕組みになっているのです。一人を取り囲んで、周囲はみな敵となってしまう。

「取り巻き」という言葉がありますが、これもこうした光景をうまく言い表しています。取り巻いているだけの人たちは、誰も助けてはくれないのです。多くが、いじめる側を支持するか、あるいは、積極的には止めようとしない傍観者となって、結果的にいじめに参加することになります。

集団で行うことで多数派としての正当性を持ってしまい、苦しいのはターゲットにされている当人だけとなってしまいます。無自覚、無責任のメカニズムによって、遊んでいるだけだという無邪気な気持ちはさらに加速し、相手の気持ちが見えなくなっていきます。

だから、「苦しい」「嫌なんだ」と訴えることができるのは、ターゲットにされている自分しかいないこともあるのです。声を上げてそう抗議することが必要ですし、それができなくても「嫌だ」という自分の気持ちをしっかりと持つことが大切でしょう。そうしなければ、助けを求め、逃げ場を探すこともできなくなってしまうからです。

悲劇の一人芝居になる前に

序で、人生を劇にたとえることが有効であると指摘しました。それにしたがって、いじめの構図を見てみましょう。舞台の上に立っている自分を攻撃しているのは、同じ舞台に立っている人間だけではありません。観客もまた、黙ってそれを観ているという形で攻撃に加担しているのです。あるいは、「いいぞ、いいぞ」「もっとやれ」と攻撃を後押しする観客だっているでしょう。

そして、いつの間にか、舞台の上では自分だけが孤立し、悲劇の一人芝居を演じさせられることになってしまう。行きつくところまで行ってしまえば、最悪の結末が待っているだけです。だから、そうなってしまわないようにするには、早くその構造に気づいて舞台から降りたほうがいいのです。

この本の中では、このあと、日本の説話などを例としてとりあげますが、そうした物語の中では、あの場面で助けを呼んでいれば助かったのではないか、という分かれ道となるポイントがあります。そして多くの場合、主人公は助けを呼ばず、悲劇の結末を迎えることになるわけですが。

でも、だからこそ、ここで説明したメカニズムをあらかじめ知っておいて、筋書きを読み、早く舞台から降りて、助けを呼ぶという方向に向かっていってほしいと考えるのです。助けを呼ぶことができないというのは、集団がつくる物語の台本に巻き込まれてしまい、先に述べたように思考が麻痺し、あるいは絶望してしまっている可能性があります。

4 憎悪と愛情はすでに家族内で始まっている

家族内でも起きやすいアンビバレントな関係

いじめや差別の背後には、憎悪と愛情という両価的な感情があること、また集団の行動は無自覚、無責任になることで歯止めが利かなくなるという話をしました。そして、こうしたメカニズムをあらかじめ知っておいて、悲劇の台本に気づいて早く舞台から降りることが大切だと述べました。

舞台から降りられるようになるために、もう一つ大切なことを知っておく必要があります。それは、これらと同じようなメカニズムとその気づきを、実は、家族内ですでに練習しているという可能性です。つまり、アンビバレントな感情を、学校や社会で他人から受け取る以前に、ほとんどの人がすでに幼いころ、家庭内で経験しているのです。

わかりやすい例でいえば、きょうだい同士で、自分だけ親から特別視されていてうらやましがられる、「いつも〇〇だけ特別扱いだ」と文句を言われることや、その逆の状況などは、多くの人が経験しているでしょう。うらやましがられているとか、うらやむというのは、「自分もそうなりたい」という願望が含まれていて、相手に対するポジティブな評価も含んでいます。すなわち、うらやましがるというのは、憎悪と愛情の両価的な気持ちなのです。

また、親によるしつけなどもそうでしょう。典型的なダブルバインドでは、「試験の点数なんて低くても気にしなくていいよ」と言いながら、親の目が「死ね」と言わんばかりになっていることもあります。あるいは、親から「もっと勉強しなさい」「ゲームばかりしていてはダメでしょ」とうるさく言われる。これは子どもが憎いから厳しい態度を示しているわけではなく、そこには「子どもにはこうなってほしい」という愛情に満ちた期待があります。

しつけと虐待の間

このしつけが、子どもの事情を無視して、親によって一方的に実施され、そこに暴力などが伴えば、それは虐待へとエスカレートしていくことになります。虐待は許される行為ではありません。ただし、虐待を行う親がともすると「子どものためだ」という言い訳をするのは、必ずしも嘘ばかりではありません。もちろん、だからといって許されるということではないのですが、必ずと言っていいほど「これはお前のためだ」と言われているのです。

虐待は誰かが介入しなければ歯止めが利かず、行きつくところまでいってしまうケースが少なくありません。家庭内での出来事ゆえに介入が難しいという問題もあります。

しつけと虐待という行為の間には、大きな隔《へだ》たりがあります。ただし、多かれ少なかれ憎悪と愛情がその背後にあるということに気づくことは重要です。出発点は「子どものためだ」という親の愛情であっても、「子どもがいうことをきかない」という憎悪が強まっていったとき、それは虐待へと転化してしまう恐れがあるからです。そのことを、第三者の視点を得て親は自覚する必要があるのでしょう。自分は相手をいじめているという自覚がないのに、いつの間にか、いじめの加害者になっているケースなどでも同様です。

また、虐待などとは逆に、親がたくさんの愛情を注いで子どもを育てようとしても、愛情だけで子どもに向き合うことはできません。子育てをしていれば、どんな親でも子どもに憎しみを持つことはあります。子どもというものは親のいうことをきかない、自分の思い通りにはならない存在だからです。子育てに向き合っていれば、誰でも子どもに対してイライラしたり、カッとなったりするはずです。

すなわち、親にとって思い通りにならない子どもという存在は、家族内で憎しみの対象にもなりやすいのです。生まれたばかりの子どもは、親の愛に包まれながら、同時に、親にとって欲求不満の対象にもなります。そういう矛盾した状況から、人生は出発するのです。ただし、たとえ傷つけたいと思っても傷つけないようにしたり、たとえ憎しみを抱いてもぶつけないことが育児の原則なのですが。

こうして、子どもの側も、親に守ってもらうために、親の愛や期待に応えないといけない、いい子にしていないと家族から排除されてしまうという不安から、家族内で迎合的に役割を演じることになります。

家族内で助けを求める機会が減っている

もちろん、親子関係や家族関係において子どもが受ける育児には個人差があります。いろんな親がいますし、いろんな子どももいます。だから、差別やいじめの原点がすべて家族内にあるという単純化はできません。しかし、家族の心理について、その仕組みやあり方を知っておくことが大切なのです。なぜなら、そのことが、私たちの人生の台本の起源を知る手がかりになるからです。台本の出発点を知ることで、早くその台本から降りることができるようにもなるからです。

家族は聖域ではありません。アンビバレントは家族内ですでに発生しているメカニズムであるからこそ、逆に家族内で、子どもの側にそのことについて考えさせ、それをこなす練習をさせるチャンスにもなりえます。子どもがどうすればＳＯＳを発し、助けを求めることができるか。子ども自身がそのことを練習し、こなす機会を家庭内で得ることもできるでしょう。そうすれば、友だち関係などで、無防備に、ターゲットにされて行きつくところまで行かなくても済むかもしれません。

ところが、現実には、家庭内であらかじめ練習する機会が少なくなっているのです。

家庭内での出来事は、核家族化によって第三者がますます介入しにくくなり、密室で問題が起きても歯止めが利かなくなる恐れがあります。本来は、親子関係や家族関係の外に助けを求める機会や、一時的にでも避難できる場や機能が必要です。

たとえば、きょうだいや、おじいちゃん、おばあちゃん、あるいは親戚のおじさん、おばさんなどがその役割を担っている場合もあります。きょうだいや祖父母は親とは別の存在ですし、親戚のおじさん、おばさんは家族と距離のある存在です。親にこんなことを言われて頭にきた、傷ついた。そんな愚痴を聞いてくれる第三者的な存在にもなりえます。

ところが、現在の家族は核家族化していて、少子化もあって、家族のメンバーがそもそも少なくなっています。だから、親子関係の愚痴を気軽にきいてくれるきょうだい、おじいちゃん、おばあちゃんがいないということも多いです。また親戚づきあいも、かつてと比べると少なくなっています。必然的に子どもが孤立しやすい環境になっているわけです。親子関係、家族関係で起きていることについて、助けを求める機会が少なくなっているようです。

この状況については、むしろ社会の側の課題として考える必要があります。こうした家族の現実を踏まえたうえで、子どもが助けを求められる場や相手をどう確保していけるかが重要なのです。

子どもが助けを求めることのできない、それこそ救いようのない現実が訪れています。ＳＯＳを発する練習を家庭内でできなくなっています。家族内にどう風穴を開けるか、風通しをよくしていくかは、社会の側の大きな課題といえるでしょう。

憎悪か愛情かではない場所

いずれにしても、ここで強調しておきたいのは、家族内ですでに憎悪と愛情の混在した現象を経験してきたこと、それが、自分たちの台本を構成する要素になっているということを知っておいてほしいということです。

こうしたことを知ったうえで、自分自身の家族のこと、親のことを思い起こしてみると、思い当たることがあるかもしれません。それは、この身を引き裂くような、つらい感情を引き起こすかもしれません。

しかし、この本を手にとっている人たちなどは、いまは幼いころと違って家族関係だけに依存して生活しているわけではないでしょう。友人や同僚などの家族とは違う関係性、あるいは家族とは違う第三者的なものの見方を、ある程度、得ていると思います。ですから、家族内で起きる憎悪と愛情の両価的な気持ちにも距離を置いてみることもできるのではないでしょうか。そのことも、家族内の風通しをよくするチャンスにもなるでしょう。

考えてみると、人間は世の中を愛しているものと憎んでいるものに簡単に分けたがる習性があります。また、ともすると、自分が愛しているものだけを手に入れて、憎んでいるものを遠ざけようとします。でも、愛と憎しみは同じ関係の中にあることが多いのです。

そして、心が落ち着いて平和でいられる状態というのは、愛や憎しみという次元から離れ、一人でボーっとして何も考えないような瞬間だったりします。愛や憎しみなどから距離を置いて、本来の自分に戻れる場所。そここそが、舞台から降りることのできる「心の楽屋」ということになりましょう。

実は、「心の楽屋」を得ると、私はときにバカヤローと言葉で吐き出したくなるのです。しかし、私がこのような裏の側面を持っているということは**「ここだけの話」**であり、皆に言わないでほしいものです。このような裏で「吐くこと」の意義については、以降の章で詳しく見ていきます。

第3章　反射的に排除する心身

自分にとって気にくわないもの、不快なものなどを排除するという行為は、反射的に反応している生理的体験が心や行動を巻き込んでそのまま連動させることにより起こります。多くの場合、大人が行動を起こすには、ある欲求を感じ、その欲求を自覚して意識したうえで、どう行動するかを考えるというプロセスを経ることになります。お腹が空いたからといって、店に置かれている食べ物をつかんですぐに口に運ぶということを、普通はしませんよね。そんなことをしたら犯罪になるかもしれず、悪いことだという心の判断が働くわけです。

ところが、いじめや差別など人を排除するという集団現象では、こうした意識が介在せずに、生理的に感じたままに、反射的な反応を身体的な行動で表してしまうということが起こります。自分にとっての異物への違和感を心で感じ取り、すぐに排除しようと反応してしまうのです。

自分にとって不快に感じられるものが、実はすぐに排除しなければならないほどの大きな問題ではないかもしれない。むしろ、大事なことを自分にもたらしてくれるかもしれない。あるいは、自分とは違う価値観のそれを心の中に置いておいて、じっくりとかみしめることで、そこからクリエイティブなものが生み出される可能性だってあるかもしれない。なのに、そんなことは考えずに、反射的に排除してしまおうとする。

こうした「好き嫌いが激しい」状態がくり返されているのは、とてももったいないことです。個人にとっても、社会にとっても、重要な機会を捨ててしまっていることにもなります。なぜ、そんなことが起きるのか。そうならないためにはどうすればいいのかを考えていきたいと思います。

1　心は身体と連動している

目障り、耳障りが意味すること

人や物事を排除する際、心の動きが生理的反応や身体的行動と連動すると述べました。実は、日本人や日本文化においてもこうした傾向をはっきり観察できます。そのことは、いくつかの日本語を例に考えてみるとよくわかります。

不快なものを表す言葉に「気持ちが悪い」という表現があります。これは身体的な吐き気のことも指しており、身体の反応を伴う生理的な嫌悪感が心理的な嫌悪感とも連動していることを理解できます。つまり、このような体験では心身《しんしん》、つまり心と身体が分かれていないのです。

たとえば、目障《めざわ》り、耳障《みみざわ》りという言葉があります。目や耳という身体にとって良くないことと、気持ちが良くないという心理的な状態の両方が意味に含まれ、目障り、耳障りなものは邪魔なものとして排除されてしまいます。こうした言葉からも、日本でも、異物に対する心理的反応が、生理・身体的なものとの連動によって起こるものととらえ、表現してきたことがわかるでしょう。

このほかにも、こうした心と身体の連動を示す言葉が日本語には、たくさんあります。たとえば、芸能人や政治家などが謝罪をする場合、よく「お騒がせしてすみません」という言葉が使われます。「騒がせた」ことが許されないこととされているのです。人びとにとって、耳障りでうるさく感じられるような状態をつくってしまうことが、身体的な不快感を与えるので許されない。なので、心理的に謝らなければならなくなってしまうのです。

また、「すみません」という言葉も象徴的です。「すみません」は「済みません」や「澄みません」と同じ音で表されます。「済んでいない」は、すなわち物事が片付いておらず終わっていない様子を示しています。「澄んでいない」は、物事が濁《にご》っていてきれいになっていない様子を示しています。

つまり、きちんと物事がおさまりよく処理されていて、澄んでいることが良い状態という価値観がそこには強くあります。無心、虚心、無邪気、無垢《むく》、無雑、潔白、潔癖などが良い意味でいわれるように、邪念や邪魔なものがなく片付いていて、ピュアで真っ白な状態を理想化する傾向が、この国の文化にはあるのでしょう。そして、表面から異物や邪魔なものは上品に排除されてしまう。私たちは、こういう価値観が共有されている純粋志向の社会に生きているのです。

異物に対する神経質

自分の中や自分の周囲に違和感を覚える刺激がある。この異物が悪いものとして感じられて、気になってしまい、取り除きたくてしかたがない。そうした違和感にとらわれやすい性質の人たちがいます。神経という言葉は心的にも身体の意味でも使いますが、その神経が過敏で、異物を悪いものとしてとらえてしまうような、常に周囲にアンテナを向けているような人たちです。

序で述べたような人たちの一部が、こういう排除傾向の対象になりやすいと指摘しましたが、実は、やたらと人を排除したがる側にも同様の過敏症がありえます。異物を見つけては、それが存在することに悪い意味で神経質になって、そこに心が引っかかってしまいがちになるわけです。神経質な人たちは、自分の心に引っかかるものに対して、目ざとく、耳ざとく反応します。

この「目ざとい」「耳ざとい」もまた心と身体の両方を表す言葉ですが、良い意味で使うこともあり、次々と良いものに関心が向かう状態は別の問題です。良いアイデアが次々と浮かんでくる「適度な過集中」と呼べる場合がありますが、これはあまり不幸な状態ではないようです。

対して、精神医学の重要な用語として「強迫」という言葉があります。これは、ある嫌な考えが思い浮かび、やりたくない行為をさせようとして強く迫られることを意味しています。この精神医学用語を使って「強迫的」という言い方もされますが、これは通例は神経質よりは強い場合でしょう。目障りなものや耳障りなもの、あるいは気に障るものなどに、気持ちのうえで引っかかってしまい、それを外に追いやろうと強く働く心の作用のことです。こだわり、とらわれ、拘泥、執着という日常語でとらえられる現象に近いことが多いでしょう。

強迫は英語で「オブセッション(obsession)」といいます。これの動詞である「オブセス(obsess)」は取りつく、受身形ではとらわれて執着するという意味を持ちます。自分に気にくわないものがあると、それが気になってしかたがなくなり、早く自分から遠ざけたいという心性を表しています。

些細なことが気になって、それが悪いものだという観念となり、この観念を排除しないと気が済まない。ところが、絶対に見逃す、聞き逃すことができない。こうした強迫的な心性による排除行動が儀礼化すると、しょっちゅう手を洗わないと気がすまないといった強迫行為に向かうこともあります。あるいは、葬式や墓場など、縁起の悪いとされているようなことに関わったら、常に塩で清めなければ、あるいは呪文をとなえなければ、不安でしかたがないという強迫行為も見られます。

それは、安全安心に生きるための方法であり、こういう潔癖症はパンデミック対策でもある程度は有効なのです。しかし、こうした観念や行為が生活の大きな障害にならないまでも、私たちの多くにおいて、規律や清潔を順守しようとして、異類や異物に対して強迫神経症的ともいえる心性が働くことを知っておきたいと思います。こうした心性が特定の個人に向かうことで、無責任に排除するという傾向につながっていきます。私は、こうした傾向を「民俗神経症」などとも呼んでいますし、禊《みそぎ》や祓《はら》えを取り入れた私たちの宗教にも見られます。困ったことは水に流す傾向、そして風呂好きや温泉文化もこれで説明できます。

こういう心性や傾向もまた、けっして日本社会や日本文化だけに見られるものではないのです。しかし、こうした清潔好きが頑固《がんこ》な美学として維持され、人間関係にも現れるのが私たちの文化のように思います。そのために、長い間、異類を排除してしまう傾向が深く反省することもなく、無自覚にくり返されやすかったのでしょう。

たとえば、日本では外国から来た人を「外人《がいじん》」という言い方をして特別視します。移民がたくさんいたり、多様な異なる民族が混じり合っていたりするような国では外国から来た人をそれほど特別視することはないでしょう。しかも、最近は「外国人」という言い方が一般化していますが、〈外人＝外の人〉という言い方は根強く定着しています。

また、第1章2で述べた国粋主義という考え方も、異民族や異人の文化が入ることを不純として、純粋で統制された「日本民族」に最大の価値を置くものです。

異類や異物を排除しようとする心性や現象は、どこの国や文化にもありながら、自らの文化に関して、こうした傾向を自覚しにくいし、そこにあるものとして議論もしにくいのです。というのは、私たちもまた表面的には穏やかであり、当然のごとく平和と平等を愛しており、人を差別したり、排除したりする行為がなされていることがわかりづらいからでもあります。

だから、そうしたことが密かに脈々と進行しているということに私たちの大きな特徴があるように思います。というのも、表と裏、本音と建前、公と私などが、人格の二重構造を示すように、日本文化では軽い二重性の様式は公認されているのです。よって、けっしてヒステリックな形で顕在化するわけではありません。

同類に重きを置く価値観

なぜ日本では、異物、異類に対して神経質であり、邪魔がない澄んだ状態に重きを置くような価値観を維持できたのでしょうか。その要因として、日本が海に囲まれた島国であったという地理的な状況も大きいと思います。隣国と陸続きになっていて、自分たちとは異なる文化や歴史を持った異民族と全面的交流を続けていたとしたら、同類性に価値を置くような心性はこれほど長くは維持できなかったかもしれません。

もし、どこか別の国、別の民族によって支配され、「混血」と呼ばれるような子どもたちが次々と生まれたというような歴史を持っていたら、血肉の純粋性などを強調しても意味はありません。もちろん視野を広げれば、日本でも国際化の流れによって多様化が進んできています。したがってこの先、純粋性に重きを置く価値観も変わってくるでしょうが、まだまだ、他国と比べると多様性へ向かう心理的な進展は、それに抵抗する民俗神経症によって遅れているように思います。

2　心は消化器

心は吸収と排出をくり返す

先で見てきたように、生理・身体的な反応と心理的な反応が連動しやすいこと、そして日本語でもその傾向が強いことを例証できると思います。

また、私たち精神分析を学ぶ専門家は、心を身体の中にある一つの消化器のようにとらえることを提案しています。口から食べ物を吸収して、不要物を排泄するというのと同様な機能が心にも備わっているのです。

たとえば、日本語の「かみしめる」「かみくだく」「飲み込む」「こなす」という言葉は文字通り身体的な行為を意味するだけでなく、「理解する」「納得する」「修得する」といった心理的な作用にも使います。「腑《ふ》に落ちる」「五臓六腑《ごぞうろっぷ》に染みわたる」などは、心理的な作用を身体の比喩で表します。

心理と身体の両義的な意味で使う言葉は、外国語にもあります。たとえば、英語の「ダイジェスト(digest)」という言葉も「理解する」という意味と「消化する」という両方の意味で使います。ある対象物を心が取り入れて、その意味を味わい、かみくだき、理解して飲み込む。腑に落ちれば、吸収されて血肉化されていく。こういうふうに表現すると、心が消化器であるというとらえ方とその存在がより鮮明になるでしょう。そして、飲み込めない、腑に落ちないものは「未消化物」として排出されます。すなわち、心が受け付けない異物は、心という消化器には置いておかずに排出されてしまいます。排出するとすっきりできるわけです。逆に、未消化物がそのまま残っているとすっきりできないのです。

このように心は消化器のように機能し、消化・吸収と排出・排泄をくり返していることが理解できると思います。この生物の基本原則を行うだけで、集団も一個の生物のように体験されるのです。

「甘え」と日本人

ここで心と身体の両方を表す日本語について、もう少し見ておきたいと思います。

日本語で「甘い」といった場合、味覚の一種を表す場合にも、また「甘えている」というような依存する心理を表す言葉としても使われます。英語でも「スウィート(sweet)」は味覚的に甘いものを示すと同時に、甘美な声が美しい、気持ちよいなど、視覚、聴覚、心理的な表現にも使われます。ただ、日本語の「甘え」という言葉は、世界的に見てもユニークな言葉で、日本人の精神構造をよく表しています。この考え方は、精神分析家の土居健郎《どいたけお》先生が「甘えの構造」として世界的に広め、いまや精神分析学の分野で普遍的な深層心理として共有されています。

赤ちゃんは味覚的に甘いものを探す心性が敏感であり、また同時に、親に依存しなければ生きていくことができません。甘いものを求め、そして依存という甘えの中でこそ生きていけるのです。このように「甘え」という言葉には、味覚と依存という身体と心理の両方が含まれています。

特に注目すべきことは、「甘え」という発音です。「ａｍａｅ」という音にはＭ音が含まれています。Ｍ音がつく単語は、愛情表現として肯定的に使われる言葉が世界的に多いのです。たとえば、「ミルク(milk)」や聖母マリアの「マリア(Maria)」、お母さんを表す「マム(mom)」、愛想のよいという意味の「アミアブル(amiable)」など。また、朝鮮半島でも「オモ」というとお母さんを意味します。「マンマ(mamma)」というとラテン語で乳房を意味します。M音を発するときの口の形は唇を前に突き出して開きますよね。唇が何かを求めているような形をつくっているのです。このようなM音の持つ意味の広がりからも、体と心が未分化になっているところを体験できるでしょう。

そして、依存している状態を表す「甘え」が愛情希求を表すM音で発音され、肯定的なものとして言語化されているところに、私たちの特異さがありそうです。これは他国の一部からすると珍しいこととして受け止められます。なぜなら、通常、諸外国では依存心というものは克服すべきものであり、肯定的な意味としてとらえられないからです。子どもは成長したら、親元を離れて早く自立すべきで、いつまでも依存して甘えているのはよくないとされます。

実はこれは証明されようのない仮説ですが、私たちが歴史的に長く移動の少ない農耕民族だったこととも関係しているのだと思います。狩猟民族だったら、早く一人前になって狩猟ができるようにならなければなりません。また、集団の中で獲物を分け合わなければならないので、依存し続けている子どもが増えていくことは許されないのでしょう。成長して狩猟ができるようになったら独立して、家族などの集団からは離れていき、自分が新たな家族集団を構成するということがくり返されます。

一方、この島国における農耕民族の場合は、定住した集団で力を合わせて農作業を行い、お互いが依存し合いながら生活を営みます。人手を確保するためにも、若者を出発させないようにして、村という集団につなぎとめておかなければなりません。

こうしたことで長く移動が制限されたことが、母子密着に由来する「甘え」という精神状態を強化してきたという背景があると思います。この「甘え」という心性は、苦いものや異物を排除して等質性・同質性を高めたがる傾向に関係していそうですが、そのことについては以降の章で考察していきます。

突然、心のはけ口になる危険性

消化しにくいものは排除されやすいということに話を戻しましょう。

心は、物事を摂取する口先から、吸収する消化装置、外に排泄する排出器官まで備わった消化器ととらえることができます。飲み込んだり、吸収したりすることは肯定的にとらえられますが、消化されない異物は未消化物として、心の中に置いておくことができずに、吐き出されてしまいます。

心の中にも身体の作用と同様に、うまく消化できないものは、吐き出してしまいたい、ばらまいてしまいたいという衝動が生まれます。体の中の胃や腸などの消化管が未消化物を吐き出し、排出しようとする機能があるように、心も未消化物を吐き出す機能があり、**心のための「はけ口」**が求められることになるのです。

歴史的に見ると、部落差別のようにある地域や特定の職業とともに差別感情や嫌悪感が向けられることが根強くありましたが、それはもう表面的には少なくなってきました。いまでは、たまたまある人が集団の中のはけ口としてターゲットにされてしまい、異物を吐き出すためのゴミ箱と同じような役割が押し付けられてしまうという現象が目に付きます。共同体の純粋意識とともに凝集性が高まって、同調圧力が働き、ちょっとしたことで異質と感じられる人間がはけ口として扱われてしまうのです。

「溶け込む」という言葉があります。集団の中にうまく入って、なじむことを意味していますが、溶け込むことのできないもの、消化してもらえないものは心の中に収めてもらえず、異物として排出されてしまうのです。人から気になる存在となってしまうと、反応すればするほどもてあそばれ、排除されてしまうことになります。ゆえに異類視されることが危険だと広く認識されているので、ますます相互の同調圧力が強まることにもなります。

心が清く、潔白で、無雑で潔い状態が良しとされ、それを邪魔するようなものは、不純なものとして排除の対象になるというメカニズムが働いているのです。

「見にくい」裏で「吐く」傾向

先ほどもいいましたが、表裏の二重構造がありますから、心が異物を吐き出す際、それが表立って行われるわけではありません。表立って、それを吐き出してしまうと、今度はその吐き出した人が排除のターゲットにされることにもなります。ときどき、政治家や芸能人の失言などに見られるように、公の場で本音をつい口にしてしまい、激しく非難される人たちがいますね。

では、どこで吐いているのかといえば、裏で隠れて吐いていることが、実に多いのです。かつては匿名の主による「怪文書」というものが出まわり人びとを苦しめましたが、いまは同じく匿名で書き込むことのできるＳＮＳなども裏の場として機能しています。比喩的にいうなら、噂の「拡声器」「スーパースプレッダー（本来はウイルスをまき散らす人のこと）」のような人もいますので、世の裏側は激しい言葉、誹謗中傷《ひぼうちゅうしょう》がまき散らされるはけ口やルート、場にもなってしまっています。

文化によっては、吐き出すという行為がとても嫌われます。ゲップなども下品な行為として、とても嫌がられます。日本の場合は、それほど拒否感が強くないように思います。よく、飲み屋の路地裏や駅裏などで、酔っ払いが嘔吐している光景は珍しくなかったりします。

心の場合も、体の場合も、違和感のあるものを自分の中に置いておくことができない人は世界中にいます。外国のスポーツ選手が、競技場で唾《つば》をまき散らす光景もよく見かけるでしょう。ただ私たちには、表ではマスクや手で口を隠すのに、見えない裏で吐き出してしまう慣習があるのだと思います。心の中に置いておいて、かみしめることで、実になる物事は少なくないはずですが、裏でどんどん排出してしまう。そうすると、心は瞬間的にすっきりしますが、本当は心を豊かにするものまでいっしょくたに吐き出してしまっているかもしれないのです。

物事が歴史的に積み重なってこそ、心が豊かになるのです。異物を見つけては、神経質に片付けばかりをしているような状態では、自分と異なっているものから学んで、自分の中に取り入れようとすることが少なくなってしまいます。

アメリカの映画を観ていると、登場人物が「くそったれ！」と大声で怒鳴ったりする場面がよくあります。どこの国のネットでも、感情を激しく表現するメッセージなどをよく見ます。心の中に異物を置いておかずに、反射的に吐き出している行為に見えるかもしれません。ただし、こうした行為は声に出したり、感情を表現したりすることで、むしろ見えるところで折り合いをつけているというふうにも考えられます。

しかし、日本ではこのように直接口にしたり、激しく怒りの感情を表に出すことはあまりありません。第5章で提示するのですが、神話で怒る母神イザナミが醜悪視され隔離されたように、また「安珍・清姫」の伝承で清姫の怒りが安珍に届かなかったように、怒っても怒っても、相手は逃げるのです。**「怒ったら負け」**なのであり、これでは表向きは潔くあきらめて、裏で「内弁慶」となって表現するしかありません。

日本語の悪口雑言《あっこうぞうごん》には「オタンコナス」や「お前の母さん出ベソ」「くそったれ」などがありますが、この程度では上品すぎるのでしょう。しかし、このような悪口雑言の国際比較もまた見えにくいのでこれを論じるのが難しいところなのです。

3　心の中に異物を置けるように

心の機能を身体的な言葉でとらえ直す

生々しい怒りや未消化な考えを、ただ裏でバカヤローと吐き出して水に流すのではあまりにもったいないかもしれません。もっと生かせるものや役立てるものがあるかもしれないのです。

そこで、心が異物を簡単に吐き出さないようにして、それでも抱え込んだ苦痛を解消するためには、どうしたらよいでしょうか。これを考えるためには、まずそれを考える自分自身が、心の中の異物を吐き出さないようにしながらも、処理したいところです。

こうしたことができる人は、包容力がある、懐が深い、器が大きいなどといわれて評価が高かったりもします。私の大きな発見は、心の胃袋の中には、意外といろんなものを置いておけるようになるということです。

ここまで見てきたように、心が反射的に異物を吐き出してしまうというメカニズムを私たちは知ることができました。目障り、耳障りなど、心身両方に通じる両義的な言葉が日本語にたくさんあることも知っています。

実は、こうした言葉を知っていて十分に使いこなせることが、すでに心の中に異物を置いて考える第一歩でもあるのです。なぜなら、自らの異類排除のメカニズムを知り、それを言葉で置き換えて考えることで、そこにすでに「こなそうとする」意識や「こなす」能力が高まっているからです。すなわち、これらの言葉を通して自覚が生まれているわけです。無自覚に、反射的に行っていたことに対して、自覚して、ちょっと待てと考え直すことができるようになっているのです。

ほうっておくと知らない間に異物を排出してしまう心の動きを、身体的な言葉によってとらえ直すことで、これを把握し理解することになります。

そして個人的なことですが、私が現在も講演や講義を行ううえで少しは説得力があるとすれば、それは若いころの放送や歌づくりで、言葉を皆さんに届けられたことで、話す力が身についたのだと思います。もちろんその後、患者さんとの対話からも学びました。言葉をうまく使えるようになるには、「話す」、つまり「(言葉で)放《はな》つ」ために、まず使わねばならないと思うのです。

心と身体の反応を分ける力

そもそも、私たちは成長して、社会化していく過程で、本来は心理的な反応と身体的な反応を区別する力を身につけていくのです。幼いころのことを考えると、心理的な反応も身体的な反応も区別はありません。身体的な働きも心理的な働きも同じ作用として未分化な形で機能しています。赤ん坊は吐き気を感じたら、実際にすぐに吐き出します。苦痛には裏も表もなく、身も心も反射だけで機能しているといっていいでしょう。

成長することで、吐き気を感じたからといって、すぐに吐くことはできないという感覚を身につけていきます。我慢して、吐く場所を選ぶことを覚えるわけです。その際「吐く」という言葉は大事ですね。これを通して、言葉で「吐く」けれど、吐物は吐かないことを確認できます。こうした言葉を使用することによる心身分化のプロセスを経て、私たちは心理的に吐きたいという考えと、身体的に実際に吐くことを区別できるようになっていきます。

「甘え」もそうですね。味覚の「甘いものを口にする」ことと依存の「甘え」の区別のなかった時代から、これが区別できるようになる過程が成長にはあるようです。

思春期の子どもたちを見ていると、すぐに「ムカつく」「ゲログロ」などと口に出したり、オエッと言って吐くふりをしたりします。これは心理的なものと身体的なものが未分化な状態から区別できつつあることを意味しています。こうした言葉を口にする過程を経て、大人になり、そうした考えをさらに洗練された言葉にしながらも、身体表現をしなくなったりするわけです。思春期に生理的な嫌悪感を言葉や身体で表すプロセスを経て、身体と心理を連動することを体験し、言葉で自覚しながら、やがて異物を心の中に置いて扱いこなす力が備わっていくはずなのです。

なので、こうした力がそもそも備わっていることを確認するためにも、心身両義的な言葉で心と身体との反射的な連動を自覚してみましょう。そして言葉があると、身体的な吐き気は制御が難しくとも、心理的嫌悪感とは区別されうるのです。言葉で吐いても中身そのものは吐かないことが、心の中に心理的な異物を置いて扱うことにつながっていくと考えます。

心のスペースは無限

私は心の中にあるスペースは無限だと考えています。だから、すぐに吐き出さずに、いろんなことを溜めておけるとも考えます。身体の場合、「腹八分目」という言葉があるように、胃袋には限度があります。ある程度のところで、溜めるのを控えることが求められます。

しかし、心には個人差はあるにしても、いくらでもものを置いておける広大なスペースがあると思われるのです。ある物事を置いておくと、やがて忘れていくこともあるし、また、思わぬ形で思い出されて再吸収されて消化されることもあります。それによって心は奥行きができて、それをうまく使うなら栄養分は血となり肉となって、実り豊かな考えやアイデアになっていきます。心というのは、そうした考えを生み出す装置だと私は考えます。

もっとも、医者の立場からいうと、身体の器官も、実は想像以上に大きなスペースがあるのです。胃から肛門に至るまでの間には、小腸や大腸、直腸など、ものすごく長い器官が存在しています。身体の中にも未消化物を置いておける部分はけっこうあるのです。腸は第二の脳などともいわれるぐらい、人間自身のありようを決定するほどの大きな役割を果たしています。

そう考えれば、心も思っているよりももっと長い消化器を持っているはずだと考えることもできます。すぐに心から異物を排除しようとする人は、心の腸をうまく使えていないと見ることもできるでしょう。腸は不要なものを排出物につくり上げながら、一方で、栄養となるものを吸収している器官でもあるのです。胃だけが栄養を吸収しているわけではありません。

異物をすぐに排除せずに溜めておくために、心の腸をうまく機能させることが必要です。未消化物を置いておき、そこから栄養を吸収したうえで、最終的に不要なものを排出する。そのように心の腸を活かすのです。

最近の風潮として、すぐに役に立つもの、わかりやすくて、消化しやすいものが求められる傾向が強まってきています。やさしくなくて、難しく、すぐに吸収して身につけることができないものは、無駄とされ、途端に捨てられやすい。このことも、心の消化能力、そして心の腸を活用していない人が多い風潮につながっているのではないかと思います。

自己嫌悪に陥らせる快感

誤解してはいけないのは、心がはけ口を求めて、吐くということ自体が否定されるものではないということです。人にとって吐くことは健康を保つためにも大切ですし、安心して吐ける場所が必要です。吐き出すこと、すなわち、心を発散させる方法としては、スポーツや文化活動など、いろいろとあります。音楽を聴いたり、小説や漫画を読んだり、ということも、心のはけ口になるでしょう。また、陰口、悪口、タメ口ほど楽しいものはないでしょう。

ところが、受け皿がなくなり、このはけ口がなくなると、どこに向けて吐き出すかわからない危険な状態となります。すでに見てきたように、このはけ口を他者に向けて、いじめや差別などとしてぶつけることに注目しているのです。

そして、さらに危険なことは、自分自身をはけ口にしてしまうことです。他人に嫌悪感を抱いた場合、ごく原始的な処理方法は、その相手に嫌悪を示すことです。しかし、自分に対して怒りや嫌悪感を向けてしまって、**自己嫌悪**に陥ることがあります。

子どもたちを観察していると、人や物事に怒りを覚えたとき、それに怒りをぶつけることができずに、爪を強くかんだり、壁に自分の頭をぶつけたりという行為をする場合があります。また、こうした行為が癖《くせ》になってしまっている子どももいます。大人でも、自分の頭を殴ったり、傷つけたりして怒りを処理することがあるでしょう。こうした癖は生まれつきのものではなく、成長する過程で身につけていくものです。

ある人をいじめたい、排除したいという反射的な気持ちが生じた場合、それをその人にぶつけるのではなく、心の中のスペースにそうした気持ちをいったん置いておくことが、私たち専門家の提案です。あるいは、安全な場所で「ここだけの話」を言葉にすることも、精神分析や精神療法の基本的な役割です。しかし、そうしたことができず、また相手に怒りをぶつけることもできないという場合、その攻撃を自分に向けてしまう人がいます。そして、そうした癖が大人になってもやめられない人もいます。

さらには、怒りをどこかにぶつけたいのに、ぶつけられない。そこが本来の気持ちの出発点だったはずなのに、いつの間にかターゲットが自分になり、自分自身を痛めつけることに快楽を覚え、それ自体が目的化してしまうことがあります。これを「マゾヒズム(Masochism)」といい、自虐性、被虐性と訳されています。昔はこれで性的な満足を得ようとする傾向を連想させるので、この語の使用が避けられましたが、現代では苦痛や敗北が快楽となる傾向を幅広くとらえています。これで一応怒りや不満は発散され、「すっきりする」などの快感すら生み出すことがあるので、これはとても危険な状態でしょう。

こうならないためにも、心のスペースや、言葉による放出機能をうまく活用し、未消化な思いを反射的に弱い相手にも自分にもぶつけない方法を身につけることも大切なのです。

第4章 日本語から考えてみる——多義的で曖昧な言語を使う心

ここまで、ハブる側、排除する側の反射的行動や嫌悪感の深層心理、それに伴うはけ口を求めるメカニズムなどについて見てきました。この章ではハブられる側から、そのメカニズムを探っていきます。なぜ、私たちは排除され、のけ者にされるという感覚にさらされやすいのか。そこに言葉が持つ特徴が関わっているところを提示することで、自分たちの特徴として詳しく考察していきましょう。

1　不明瞭な言葉の使い分け

曖昧さが愛される日本語

前章で見たように、言語には一つの言葉が身体的な意味と心理的な意味の両方を持っている例が多くあります。特に日本語には多義的な言葉が多く、心身両義性による同音異義語もとても多いのです。ダジャレなどが言いやすいのも、そうした日本語のあり方や使い方に特性があるからでしょう。

逆の見方をすると、意味が明確ではなく、常に曖昧《あいまい》さが伴うということにもなります。本来であれば、いくらでも日本語で明確にものが言えるのに、日常において曖昧な言葉を使った交流が多用されているわけですから、その使用に長《た》けることは、私たちの心の課題といえます。しかし、そのための練習や修辞学について誰も教えてくれません。

少し難しいかもしれませんが、言葉の構造を考えてみると、〈意味されるもの〉と〈意味するもの〉に分かれます。たとえば、「海」という言葉を考えてみましょう。青く、波が漂っている海の存在を「うみ」という音声と「海」という文字で表しています。つまり、海そのもの、あるいは海というイメージが**〈意味されるもの〉**であり、「うみ」という音や「海」という文字は**〈意味するもの〉**となります。これは、言語学者フェルディナン・ド・ソシュールによって広まった構造論です。英語では〈意味するもの〉を「シグニファイア(signifier)」といい、フランス語では「シニフィアン(signifiant)」といい、〈意味されるもの〉はそれぞれ「シグニファイド(signified)」、「シニフィエ(signifié)」といいます。

日常的な言葉でいうなら、前者の〈意味されるもの〉が意味で後者の〈意味するもの〉が記号なのです。しかしながら、言葉の曖昧さがここでも混乱を起こすのですが、日本語では、この〈意味されるもの〉と〈意味するもの〉の区別が曖昧で、混同がよく起きるのです(これについては、このあと、この章の4で詳しく見ます)。

日本語の多くが多義的で、曖昧なまま使用され、人は物事を言葉のうえで明言しません。そのため、意味が不明瞭なところが多く、きちんと文脈を追わないと理解しにくいはずなのです。ところが、意味がわからないのに「通じる」のはなぜでしょうか。

たとえば、「適当」や「良い加減」という言葉を考えてみても、使われている文脈でまったく反対の意味にもなりえます。本当に、いい意味で使う場合もあれば、半ば相手の振る舞いが不適切なときにも使われます。後者の使い方では、真逆の馬鹿にした悪い意味になります。外国語を学ぶ際、多義性はいつも難しいのですが、日本語の同音異義語もまた外国人が学びにくいところです。

そのうえ、詩や俳句、短歌など、日本語による芸術は短いことが多い。そして、表現を明瞭にしなかったり、意味を曖昧にして余韻《よいん》などを残し、相手に多義性や重層性を把握させる技巧や洗練が評価されたりもします。さらに、寡黙《かもく》や言葉が少ないことも高く評価され、ぺちゃくちゃ、ベラベラは卑下されます。

言葉を使い分ける私たち

こうしたなかで、言葉を使う側は、もちろん言葉の意味を明確にしようと努めるでしょう。しかし同時に、意味をぼかしたり、本音と建て前を使い分けたりなど、一つの言葉を多義的に使ってみたり、まったく逆の意味を持たせたりすることがしょっちゅうです。つまり、前の章で書いたアンビバレントな気持ちを、そのまま表現していることになります。

私は京都出身ですが、京都人の使う「お茶漬けでも食べていかはれますか」という言葉がよく例にあげられます。これは表面的にとらえれば、「もう少しゆっくりしていきませんか」と受け取ることができますが、本音としては「そろそろ帰ってほしい」ということを表しているというのです。

本音と建て前、裏と表、私と公などで同じ言葉による意味の使い分けがなされ、話し言葉と書き言葉などでも使い分けが行われる。「善処します」と言いながら、何もしなくとも良い。こうした例を考えてみると、日本語は本当に便利だけど怖い言語ですよね。実際の意味していることがわからなければ、コミュニケーションに苦労しますし、生きづらい状況にさえ置かれてしまいます。しかし、これを使いこなしている側からすれば、高度に洗練されていて、奥の深い言語ともいえるわけですが。

ここで提案しておきたいのは、日本語というのは「二重言語」であることをまずはっきりと知っておくということです。つまり、言葉の曖昧性や多義性が強く、使い分けがなされ、それもちゃんと分けられないままで楽しまれている。それでも「通じる」ので、「わかる人にはわかる」と言い、その明確性、明瞭性を求めることが難しい言語であるということも認識しておきましょう。

2　言葉の特質に慣れる

日本語の特質を知っておく

ここまで見てきたように、日本では、空気を読めず、言葉の臨機応変な使い方に付いていけない人にとっては、言葉によるコミュニケーションが曖昧で矛盾だらけに感じられ、ひいては自分を取り巻く環境の多くが理解できないものに映ってしまいます。

こういう使い分けが盛んに行われる状況で、神経が過敏で、人から言われることを気にしてしまう人は、周囲に言われる言葉に振り回されてしまうでしょう。相手が助言として言ってくれていることなのか、嫌味や当て付けなのか、ストレートに憎悪をぶつけてきているのか理解できないでしょう。「おまえはおかしい」と言われても、その「おかしい」の意味が「おもしろい」と肯定的に言われているのか、「変なやつ」と否定的に言われているのか理解しにくかったりします。顔の表情などが見えないツイッターやＬＩＮＥなどの文字だけだと、さらにわかりにくい。日本語による交流では、そうした多義性や曖昧さの享受と混乱の可能性が多分に含まれているのです。

だから、日本語や私たちの文化というものが、そもそもこういう特質を持っていることをあらかじめ知っておいて、混乱に巻き込まれないようにし、使いこなすことが大切です。矛盾や曖昧性をそのままにしておくのを必ずしも悪いこととしない文化なので、意味をはっきりさせようとしたり、明確さを求めたりしても、それが叶《かな》えられないことが多いのです。そして実際のところ、誰も言われていることの意味の正解を、わかってないままやり過ごすことがあるのです。

政治家や官僚の発言などを見ていても、のらりくらりとやり過ごすことが多いですよね。もちろん、彼らが公人として公の場で発言している場合、それは良いことではないと表向きはされるのですが、「やり過ごす」という意味では成功しているのです。

ああだ、こうだに慣れる

振り回されずに、距離を置いておけるようになるというのは、簡単にいってしまえば、慣れるということです。実は、多くの人が、多くのことを聞き流しているのです。日本語や私たちの文化で安心を得るには、これが最も肝心のスキルだと思います。

「慣れる」というのは、精神科医から見てもとても治療的な言葉だと私は思います。英語と比較してみると、その特徴がわかります。英語で「アカスタム(accustom)」「ハビチュエート(habituate)」というと「慣らす」という意味です。「慣れる」という自動詞の単語はありません。「慣れる」という場合は、「accustom myself」あるいは「habituate myself」というように「自分自身を慣らす」という表現を使います。日本語の場合は「慣らす」と「慣れる」の両方を使いますし、また人間ではなく動物の場合には「飼い馴らす」という使い分けもします。

慣れるというのは、人間が奇異な現象に出会い、やがてそれに対して平気になっていくことを意味しています。ひどく動揺したり、振り回されたりせず、距離を置いて受け止める、あるいは受け流すことができるようになる。ああだ、こうだといろいろ言われることに慣れるというのが、心の安寧を得るには理想的な状態だと考えます。

慣れるには時間がかかる

では、慣れるためにはどうすればよいのでしょうか。慣れるというのは、生き方におけるスキルの問題です。しかし、このスキルをどう身につけるかは、どこにも書かれていません。自分で体験しながら、時間をかけて学んで身につけていくしかありません。物事に触れずに、体験を積まずに慣れるのは無理でしょう。事態から逃げないで、対象をそこに置いて、時間をかけ、徐々に身につけていくことになります。

若いときは何に対しても敏感症で神経質だった人が、年をとって丸くなった、角がとれたといわれることがよくあります。鈍感になったといえば、あまり良い意味に聞こえないかもしれませんが、でも、物事に振り回されずに、距離を置いておける余裕ができたとも考えられます。つまり、時間をかければ、慣れることはできます。

だから、いま意味の読めない「空気」からズレて外されている、つまり排除されていると感じていたり、ああだ、こうだと誹謗中傷されていると感じても、簡単に自分自身が潔く去ってしまうという決着だけが選択肢ではないのです。もちろん、すでに述べたように、集団の圧力から逃げること、舞台を降りることも重要です。でも、それは一時的に楽屋に撤退するということです。人生という劇はずっと続きます。楽屋を得ないままでは、自分自身を劇そのものから距離を置き「やり過ごす」という選択肢をとることは難しい。

逆に、ずうずうしく居座り、時間をかけて慣れていくという選択肢もあります。ああだ、こうだと言われていることに振り回されず、「厚顔無恥」でいられるようになる。人生を長いスパンで考えてみることが大切です。この方法については、さらにこの本の中で見ていきます。

3　絶対がなく、全体が見えにくい

絶対神を持たない社会

みんなからああだ、こうだと言われて振り回されてしまうのは、言葉の特質にも要因があるということを述べました。さらに、私たちが、唯一の絶対神を信仰する文化的な意識が希薄であるということも関係しています。キリスト教など、唯一の絶対神を信仰する文化を持つ国々では、神の絶対的な判断に正しさを求めようとします。だから、唯一の正義が存在する可能性が高くて、正しい真理は明確に一つという考え方が成り立ちやすいのです。

一方、私たちの場合は、これが絶対に正しいという考え方が馴染《なじ》まない社会です。絶対神を信仰して、そこに正しさの根拠を求めることができないのです。だから皆の意見を聞かねばならない。

この国における裁判は、「大岡裁き」という言葉に象徴されているように感じます。これは、江戸中期の町奉行を務めていた大岡忠相《おおおかただすけ》の裁きが人情味あふれ見事だったという評価からきています。

幕末から明治にかけて歌舞伎の題材ともなり、「大岡越前《えちぜん》」は時代劇の定番でした。

大岡忠相という一人の人物の判断に裁定の結果が大きく委ねられ、しかも、人情味があったということが強調されています。俗人的であり、神の絶対的な正義という法意識とは大きく違っています。こうした私たちの意識は、近代化された今日の司法にも、依然と残っているように感じられます。この国の裁判において、裁判官の「心証」（証拠や被告人の言動などに対する裁判官の印象）というものが重要視されていることなども、その一例ではないでしょうか。

また、大相撲で行司が勝敗を決めたあとに、土俵の周囲を取り囲む親方衆の審判員や力士が「物言い」といって、行司の判定に待ったをかけることがあります。行司は物言いを拒否することはできません。身体の小さな行司を取り囲むように、身体の大きな親方衆たちが土俵に上がって、意見を言い合う光景は、私たちが物事を決定する際のありようを象徴している印象を持ちます。唯一の正しい判断ではなく、みんなであああだ、こうだと言って物事が決まってしまう。しかも、ああだ、こうだと言われる側の声より、周囲からの声のほうが大きいのです。

部分を全体化しない

日常的な物事の決定プロセスを見ていると、唯一の絶対的な正義ではなく、「世間様」がものを言うのです。週刊誌報道やワイドショーでは、素人的な、みんなの判断が大事にされていることが理解できます。しかし、**〈みんな〉**というのは、不特定多数の曖昧な存在です。〈みんな〉で決めたという場合、決定の責任者ははっきりしません。その場の空気で決まったということも多い。なので、〈みんな〉の意図、つまり空気が読めないような人にとっては、このような社会は生きづらくなってしまいます。

ここで大切なのは、〈みんな〉というのはいったい誰のことなのか、よく考えてみることです。〈みんな〉という総体でとらえてしまうと見えなくなってしまいますが、もとは個人一人ひとりが集まって〈みんな〉をつくっているのです。第1章2で見たように、同質性の高い集団は一つの人格のように作用しますが、もとは個々人によって構成されています。

〈みんな〉からああだ、こうだと言われて振り回され、どうしていいのかわからなくなってしまっている。しかし、こうした状況から距離を置いてみると、実際には、〈みんなに言われている〉のではなく、〈ごく一部の人が言っている〉だけということが少なくありません。あるいは、声の大きい〈一人が言っている〉のを周囲が無言なので、それを支持しているように見えるだけということもあります。

すなわち、〈個人が言っている〉という**部分**を、〈みんなが言っている〉という**全体**に拡大して受け取ってしまっているのです。ある一部だけが強調されて、それが全体だと思い込んでしまうということが、往々にして起きてしまいます。森の中にある一本の木に気を取られて、それを森全体だと受け止めてしまわないことが大切です。また、森全体だけではなく、その中の一本一本のことも忘れてしまわないほうがいい。その木の隣には、違う形の木があり、その隣にも大きさの違う木がある。そうやって森がつくられている。広く見渡して、そう気づくことができるか、どうかは重要です。

〈みんな〉からああだ、こうだと言われて責められている。でも、「ああだ、こうだ」の中身をよく見てみると、自分にとって否定的な意見だけでなく、肯定的な意見がある場合だって、あるかもしれない。そして、「ああだ、こうだ」の内容は、場当たり的で、いい加減で適当だったり、ほとんど意味をなさないものだったりもする。また、はけ口のターゲットがたまたま自分というだけで、他の誰かがターゲットになっていた可能性だってある。どこにも味方がおらず、自分だけが周囲から常に責められていると思い込んでしまうと、本当に救いがなくなってしまいます。

こうやって、その心理的展開を筋書きとして読んで、距離を置いてみることができれば、やり過ごすことができる場合も出てくるでしょう。抗議をすることも大事ですが、それができるようになるには、くり返しますが、時間をかけ、理解してそういう体験に慣れることも必要です。傷つきやすい人にとって一番確実にやり過ごす方法は、舞台から降りて、嵐が通り過ぎる間、一時的に楽屋に撤退することです。

4　言葉は舞い散って、水に流されていく

言葉は意味ではない

先ほど、日本語では、物事などの〈意味されるもの〉と、文字や記号、言葉などの〈意味するも

の〉の区別がはっきりしておらず、両者が混同されて使われるということを述べました。このことについて、さらに具体的に考えてみましょう。

たとえば、イギリスでは、女王などが描かれた切手が普通に流通しています。しかし日本では、天皇家が描かれた切手はほとんどありません。現在の天皇や上皇夫妻が結婚した際に記念切手が出されたことなどがありますが、あくまで記念切手として発行されています。なぜでしょうか。

もちろん、イギリスの王室と日本の天皇家とでは、歴史的・文化的な背景の違いがあります。国民の意識も大きく違います。でも私は、日本語において〈意味されるもの〉と〈意味するもの〉が一緒にされているという点にも大きな要因があるのではないかと考えます。〈意味されるもの＝天皇家〉と、〈意味するもの＝天皇家の肖像〉という記号がはっきり区別されていないことの影響が大きいように感じます。天皇家の肖像が描かれた切手に消印のスタンプなどをガンガンと押すことは、天皇家自身に対して失礼であり、憚《はばか》られる行為として認識されているからではないでしょうか。

一方、イギリスでは、王室とそれが描かれた切手は、まったく別という認識が成り立っていて、そこに消印などを押すことに、特に忌避《きひ》感もないのでしょう。つまり、〈意味されるもの〉と〈意味するもの〉、つまり意味と記号は別物であるというはっきりとした区別があるわけです。

同様に、イギリスでは王室のゴシップや批判などが、頻繁《ひんぱん》にメディアなどに載りますが、天皇家に対しては憚られる感じが私たちにはあります。最近は、週刊誌などの見出しなどを見ると、やや変わってきたようにも感じますし、いったん抑制がとれると、「寄って集って」が始まります。ただし、なんとなく憚れる気持ちというのは、名前が活字として下品に使われることに引っかかりがあるという点も大きいように思います。名前も本人自体も区別されることなく、相当に一体化したものと認識されているのです。

記号によって自分自身が汚されているという感覚

天皇家やイギリスの王室を例に出しましたが、もっと身近な例を考えたいと思います。たとえば、最近、テレビで街中の様子を映した映像でモザイクが多用されています。街中を歩く人などの顔にモザイクをかけて、誰だかわからないようにしています。あまり、外国のテレビなどでは見かけません。なぜでしょうか。

おそらく、自分の顔が映っていた視聴者から勝手に映すなというクレームが来たことがあり、そうしたクレームに対する予防措置として、モザイクが多用されるようになったのでしょう。私にもそれがよくわかるのですが、自分の姿が映っている映像が勝手に使われるのが不快であるという感覚は、自己像と自分自身との間に距離がないからではないでしょうか。

そういえば、日本の画家には自画像が少ないという特徴があります。欧米だと一人の画家が自画像を何枚も描いているのは、ごく普通のことです。しかし、江戸の浮世絵師、喜多川歌麿は浮世絵でたくさんの肖像画を描いてきましたが、自画像といわれるのは数枚程度しかないようです。葛飾北斎の場合も同様です。やはり、自己を記号化することに対する拒否感が、そうしたことにつながっているのではないでしょうか。自己像という記号を記号として、割り切ることができない。それは、自己という記号と本人という意味が一体化してしまうからではないでしょうか。

言葉の物神化

こうした日本語の特徴からうかがえるのは、記号である言葉と、その意味である物事とを区別しないで、一体化させがちであるということです。

それは、日本語が表意文字で表されていることにも関わるのでしょう。漢字それぞれに意味が付与されています。一方、英語などは、AやBなどのアルファベットによって文字が表されます。AやBには何の意味もありません。ただの記号です。

言葉を単なる記号とはとらえず、その言葉が指し示している物事そのものと一体化させてしまうことを、**言葉の物神化**と呼んでもいいでしょう。これは言霊《ことだま》信仰とも呼ばれ、言葉そのものに命があるように感じてしまうのです。これを誹謗中傷の問題について当てはめるなら、言われたり書かれたりする言葉をそのまま真に受けてしまうので、とても苦しい状態を生み出すことになります。

そもそも「言」も「事」も同様に「こと」と発音します。歴史をさかのぼってみると、奈良時代までは、「言」と「事」の間に違いはなかったようです。言われたことは、事物そのものを意味していたといいます。それが時代を経て、「言葉」へと区別されていったようです。

ところが、他方で、ベラベラ、ペチャクチャというように言葉にはほとんど信を置かない態度もあるのです。口先だけで、雄弁や多弁は評価されない。また、「言葉」の由来は「言の端」といわれています。「端」は先端、先々といった意味です。事物そのものと区別して、事実を伴わない口先の「言」として「言の端」とされ、それが舞い散っていく葉っぱのイメージと音を重ねて「言の葉」「言葉」になったとされています。

言葉は葉っぱのように舞い散っていくものなのです。ああだ、こうだと言われたとしても、距離や考え方次第で、やり過ごすことができるはずなのです。言われたことも、言ってしまったことも水に流すことができるのです。この感覚では、言葉はあくまで言葉にしか過ぎません。その考えに目覚めるなら、言と事の間《あいだ》に距離を置けるようになることができるのです。

いま自分がハブられていると感じているとしたら、なぜそう感じるのかについて、こうした言葉の特徴やそれによってつくられる文化の特性を知ったうえで、改めて言葉を使って考えてみたら、ずいぶんと世界の見え方が変わってくるのではないでしょうか。こうした深層心理のメカニズムをあらかじめ言葉で知っておくことが、心ない言葉に振り回されず、周囲の言動に巻き込まれないための準備運動になるのです。

第5章　異類を排除する物語を読む

前章までで、人間には自分たちと違うと感じたものを排除しやすい傾向があり、また私たちは、そうした排除を論じ自覚しやすい文化を持っていることを見てきました。私がこうした考察を進めるにあたり、とても役に立ったのが**「異類婚姻説話《いるいこんいんせつわ》」**というものです。人間にとっての異類、すなわち動物や妖怪などが人間に姿を変えて現れ、人間と婚姻関係、もしくは男女の関係を結ぶという内容の説話(昔話、民話)です。世界にも日本にも、こうしたお話がたくさんあります。

実は、こうした説話は、私たちの心のありようを強く反映しているのです。だからこそ、ずっと長い歴史を経て今日まで語り継がれているのです。そして、こうした物語を詳しく見ることで、私たちの心のありようや文化的な特徴なども把握できます。こうした物語が、私がいうところの、これを共有する集団の一人ひとりの**「心の台本」**に大きく影響を与えているのです。

したがって、この物語を改めて読むということは、私たちに共通している「心の台本」に対して、距離を置いて眺めることにつながります。すなわち、一人ひとりが無意識のうちに演じさせられている「心の台本」を相対化することになります。

この章では、いくつかの代表的な「異類婚姻説話」を取り上げて、私たちの生き方を反映している物語がどのようなものなのかを考えてみたいと思います。

ここで述べるような内容は、学校の「倫理」の時間にでも、教えるのがいいのではないかとさえ私は考えています。それぐらいに、私たち一人ひとりの生き方に大きくかかわってくるようなテーマなのです。

1　異類と結婚する悲劇

異類婚姻説話を見る

異類婚姻説話の代表的なものは「鶴の恩返し」です。

「鶴の恩返し」のほかにも、「蛇女房」「たにし女房」などがよく知られています。また、異類婚姻説話とは少し違いますが、「安珍・清姫伝説」、古事記に登場する日本神話「イザナギ・イザナミ神話」なども参考にしたいと思います。

それぞれの簡単なあらすじを見ておきましょう。なお、あらすじの細かい部分については、言い伝えなどによって様々な違いがあることをお断りしておきます。

蛇女房

ある日、炭焼きの仕事をしている男が窯《かま》に火を入れると、その後ろから大きな蛇が出てきた。男は蛇が火傷《やけど》をしないように、外の草むらに逃がしてやる。

その夜、男のもとに美しい女が現れ、嫁にしてほしいと言い、男は女を妻にする。女は働き者で、貧乏だった男の生活は良くなっていった。

やがて女のお腹に子どもができた。いよいよ出産するとき、女は男に「私が呼ぶまでのぞかないでください」と告げる。夫はその約束を守っていたが、赤ん坊の泣き声が聞こえたので、つい部屋の中をこっそりのぞいてしまう。すると、そこには、生まれたばかりの赤ん坊を囲むように大きな蛇がとぐろを巻いていた。妻は、かつて男が助けた蛇だったのである。

人間に戻った女は、姿を見られた以上、もう一緒に暮らせないことを告げる。そして、「赤ん坊が乳をほしがったら、この玉をしゃぶらせてあげてください」と言い、美しい水晶のような玉を残して姿を消した。

赤ん坊は玉をしゃぶってすくすくと育っていった。ところが、その玉の噂は殿様の耳にも入り、玉は殿様に召し上げられてしまう。赤ん坊が泣くので、男は蛇になった女を探しに山の池に行った。赤ん坊の泣き声を聞き、悲しい表情を浮かべた女が現れ、赤ん坊のためにもうひとつ美しい玉を差し出した。赤ん坊は泣きやみ、うれしそうにそれをなめた。

赤ん坊は再びすくすくと育ったが、この玉もまた殿様に召し上げられてしまう。困った男は再び池に行く。やはり赤ん坊の泣き声を聞いて女が現れるが、悲しそうに顔を伏せている。「あの玉は私の眼だったのです。二つ差し出したので、もうありません」と告げる。男は自分のしてしまったことに気づき、悲嘆にくれる。女は大きな蛇に戻ると、「大切な子どもを泣かせる者は許さない」と言って池に勢いよく潜《もぐ》った。すると、その池の水があふれ、殿様の城を流してしまった。

【安珍・清姫伝説】

奥州白河(現・福島県白河市)の安珍という若く美しい僧侶が、熊野詣《くまのもうで》の途中、真砂《まなご》(現・和歌山県田辺市)にある宿に一晩泊めてもらった。その宿の一人娘・清姫は安珍に一目ぼれし、安珍が寝ているところを訪れ、「私と夫婦になってください」と頼む。しかし、修行の身である安珍は困り、「熊野大社からの帰りに、必ずまた立ち寄ります」と約束して、宿を後にした。

ところが、熊野大社へのお参りを終えた安珍は、清姫のもとに立ち寄らず、別の道を通って帰ることにする。いくら待っても安珍がやって来ないので、清姫は見知らぬ旅人に「熊野詣から帰る若いお坊さまに会いませんでしたか」と訊ねたところ、別の道で帰ったことを知る。約束を破られたことを知り怒った清姫は安珍を追いかけた。

清姫が追いかけて来ることに気づいた安珍は、日高川で渡し舟に乗って逃げようとする。それを見つけた清姫は川に飛び込むと赤い火を吐く大蛇へと変身し、さらに安珍を追いかけた。安珍は必死の思いで道成寺《どうじょうじ》というお寺に逃げ込み、釣鐘《つりがね》の中に隠れた。大蛇になった清姫は釣鐘に体を巻きつけ、真っ赤な炎を吐き続けて、安珍を焼き尽くしてしまう。その後、清姫も自ら日高川に身を沈めた。

【イザナギ・イザナミ神話】

父神であるイザナギと母神であるイザナミが結婚し、次々と神々が生まれる。しかし、火の神を生んだ際に、イザナミは陰、すなわち生殖器に火傷を負ってしまい、亡くなってしまう。ところが、イザナギは「この国をつくりおえず」として、イザナミを黄泉《よみ》の国から呼び戻しに行った。そのとき、イザナミは奥に隠れ、黄泉神《よもつかみ》(死者の国の神)に相談して来るので、それまで「見てくれるな」と禁止を課す。にもかかわらず、イザナギは火を灯《とも》して見てしまう。すると、そこにはイザナミが腐乱した姿で横たわっていた。

あまりの恐ろしさに、イザナギは逃げ出した。自分の姿を見られ恥をかいたイザナミは、醜《しこ》女《め》にイザナギを追いかけさせ、自らも追いかける。そして、黄泉の国の境まで逃げてきたイザナギは、大きな岩でその境をふさいだ。イザナミは、「あなたの国の人を一日に一〇〇〇人殺してしまおう」と言う。それに対しイザナギは、「それなら、私は一日に一五〇〇人の人を生もう」と返した。それ以来、一日に多くの人が死に、さらに多くの人が生まれるようになった。その後、イザナギは「汚い国」に行ってきたと言い、禊《みそぎ》を行う。

怒りの内向と「心の台本」

「鶴の恩返し」や「蛇女房」、さらに「イザナギ・イザナミ神話」を見てみると、女性主人公が働き者で生産的な存在として描かれていることがわかります。と同時に、その生産性の背後には、自らの体を犠牲にし、傷ついている様子もうかがえます。そして、女房たちの物語では、自身が異類であることを隠していて、そのことを見られることを禁止しているということもほぼ共通しています。

また、「鶴の恩返し」と「蛇女房」では、異類であることがバレてしまった女性は自ら去っていきます。民俗学者の関敬吾先生は、これらに共通しているのは、女性が恥ずかしさを感じて去っていくことだと指摘しています。一方、「イザナギ・イザナミ神話」や「安珍・清姫伝説」では、約束を破った男を怒って追いかける話となっています。女性が怒りに駆られるところで、異類視され、醜悪に扱われて、別れ話となります。

こうした物語には、女性が体験してきた歴史が投影されているのだと考えます。女性の方は、自らの体を犠牲にして、かいがいしく生産的であるのに対し(私は「自虐的世話役」と呼んでいます)、男性のほうはそれに依存し、しかも裏切ってしまう。「イザナギ・イザナミ神話」や「安珍・清姫伝説」では、男性の裏切りに対して、女性が怒りを表現します。こうした女性の怒りは、それに対して**罪意識**を持たない男性側の視点からは、とても恐ろしい化け物と映ったのでしょう。怒っても怒っても、これが忌避されるところに、私は、怒る女性における、やりきれない「むなしさ」を感じます。

しかし、『古事記』などから時代がくだり、「鶴の恩返し」や「蛇女房」になると、裏切った男に対して女性は怒りを表しません。傷つき、悲しそうに去って行ってしまいます。恥ずかしい思いをさせられた側が自ら去っていくという話になっています。

つまり、男性の裏切り、ひどい仕打ちに女性は怒り続けてきた。なのに、何度も何度も怒っても、それを聞き届けてもらえなかった。実に手応えのない、実にむなしい事態でしょう。ならば、もう自分が消えてしまえばいい。こうした怒る者が体験してきた、怒ったら負けとなる「あきらめ」の歴史がうかがえるのです。ここに見られる解決は、怒りを外に向けるのではなく、怒りを自分に向ける、すなわち**怒りの内向**ということです。

そして、女性主人公が自分さえいなくなってしまえばいいとして、自分が去ることで物語を潔く終えようとする。これは、第3章3で見た自己嫌悪の心性と重なりますね。こうしたところに、肌に染みついた「悲劇の台本」が読み取れるわけです。私たちは無意識のうちに、異類視されたら、自分が去って消えてしまえばいいと思い込んでしまうという、この「心の台本」を演じさせられてしまう可能性があるのです。

話が少し逸《そ》れますが、いまから30年ぐらい前に、異類婚姻説話について新潟で講演したことがあります。そうすると聴いていた女性たちが「女はこうした生き方をするしかなかったんだ」と口々に言っていたことを思い出します。自分たちの境遇などに怒っても聞き入れられることはなく、黙っているしかなかったと。

このあとに見る『夕鶴』なども、かつて織物工場で働いていた女工さんなどに芝居を観てもらうと、機《はた》を織っているところをのぞこうとする場面で、「見ないで」という声がかかり、号泣したというエピソードなどもあります。それぐらい、女性たちの現実と重なっていたのです。ただし、それは女性だけではない、男にも子どもにも老人にも起こった悲劇です。その意味でも、異類婚姻説話など、代々伝わる物語が、私たちの「心の台本」となっていることを思い知るでしょう。

『夕鶴』に見る劇的な心理

異類婚姻説話から、この「心の台本」をさらに詳しく読み取ってみましょう。

「鶴の恩返し」について考える際、これを戯曲《ぎきょく》化した木下順二の『夕鶴』がとても役立ちます。『夕鶴』では、作者の木下順二が劇構成として、「鶴の恩返し」の登場人物たちの心理描写を見事に描き出しています。心の動きを読む材料として、とても優れており役立ちます。『夕鶴』を見てみましょう。

【夕鶴】

ある日、与ひょうは矢で射られた鶴を見つけて助ける。後日、与ひょうのもとに美しい女が現れて妻にしてほしいと言い、与ひょうはその女(つう)を妻にする。

つうは「機を織っているとこを決してのぞいて見ないこと」と与ひょうに約束を課し、見事な反物を織る。「鶴の千羽織」と呼ばれるその反物を、知り合いの運ずが町へ持って行くと高値で売れた。美しい妻をめとり、急に羽振りがよくなった与ひょうの噂を聞きつけた惣どは、運ずとともに与ひょうをけしかけ、つうにさらに反物を織らせて、金もうけをしようとたくらむ。

反物を織るたびにやつれていくつうに「反物を織るのはもうおしまい」と言われていた与ひょうは懸念を示すが、二人に煽《あお》られ、つうに再び反物を織るようお願いする。

仕方なく反物を織るつうの姿を、惣どと運ず、さらには与ひょうも約束を破ってのぞいてしまう。すると、そこには自らの羽をむしり、反物を織る鶴の姿があった。つうは、与ひょうが助けた鶴だった。姿を見られたつうは与ひょうのもとを去り、傷ついた姿で空に帰っていった。

無邪気さと貪欲さが招く悲惨な結末

『夕鶴』では、男主人公の与ひょうが子どもっぽく、無邪気に描かれています。「反物を織るのはもうおしまい」と言うつうに、与ひょうは「布を織れ」「金儲《もう》けてくるだ」「織らんと、おら、出て行ってしまう」と駄々をこね、さらに反物を織ってくれと要求する。これは、とても身勝手な態度です。結果的に、飛ぶことがままならないぐらいに羽を抜かせてしまうのですから。

無邪気のようでありながらも、与ひょうの側の罪は大きいわけです。見てはいけないという約束さえも破って、二人の関係性も破綻《はたん》させてしまっています。この点は、他の異類婚姻説話にも共通していることは、すでに見ました。また昔話の「浦島太郎」などでも、約束を破って玉手箱をあけてしまうという点では共通しています。

さらに、与ひょうがものすごく貪欲であるということもうかがえます。与ひょうは、金に目がくらんで、つうにさらに反物を織らせます。与ひょうが金に目がくらんでしまうさまを、かつて経済に執着していなかった無邪気な者たちが、現代になって経済中心主義社会へと変質することが投影されていると読み取る解釈もあります。しかし、私の考えでは、もともと金に執着する心性は、ずっと昔からこの国の人たちにもそれなりにあったのだろうと思います。ただ、それは裏の欲望として秘められていて、あからさまに表に出そうとはしなかったのでしょう。経済中心主義の社会になり、そうした部分がむしろあからさまになったのだろうと私は見ています。

いずれにしても、与ひょうは表向きは無邪気である一方、獣のように貪欲であるという裏の特徴がうかがえます。

「蛇女房」でも、やはり無邪気な男性主人公が、異類である女性を傷つけるという点では共通しています。蛇である女性主人公は、自分の眼球を赤ん坊を育てるのに差し出している。そして、これを失った男は、もう一つ欲しいと要求する。それで、もう一つの眼球を差し出さざるをえなくなるわけですから、この男こそ獣のように残酷だと読める話です。赤ん坊が親の事情を考慮せず(できず)に欲しいものを求めて、ただ泣きわめくという無邪気さにも通じます。そして彼らはまた、蛇や鶴が人間であるという女性主人公の二面性の把握ができない、「見る目のない」人物です。

ただ、結果の悲劇的結末との因果関係を考えると、無邪気で知らなかったからということではその残酷さは簡単に済ますことはできないでしょう。

異類は絶対に排除される

ほかにも、こうした異類婚姻説話でいえることは、異類は絶対に排除されてしまうということです。ここまで見てきたのは、女性を異類として扱った物語ですが、それに比べて数は少ないものの、男性を異類として扱った物語もあります。たとえば、「猿の婿《むこ》入り」というお話があります。

【猿の婿入り】

おじいさんが、日照りの続いた田に水を引いてくれた者に娘をやるという。それを聞きつけた猿が水を引き、娘をもらおうとする。三人の娘のうち末娘が嫁となることを承知する。

里帰りするとき、川のそばの木になっている花を取ってくれと娘が猿に頼む。猿が木に登って花を取ろうとすると、娘は「もっと先の花を」と要求する。猿は、さらに枝の先に行って花を取ろうとするが、川に落ちて、おぼれ死んでしまう。娘は無事に実家に戻ってくる。

これもまた動物に対して残酷な結末です。そして、「もっと先の花を」と要求する娘はやはり貪欲です。そして、最初から猿の殺害を計画していたと思える点では、無邪気ではありません。

さらに重要なのは、「鶴の恩返し」や「蛇女房」と逆に男が異類であっても、結局は異類が排除されていくということなのです。残酷な形での異類排除は、けっして揺るがないのです。

異類排除と「心の台本」

このように見てくると、異類でない人間の側は、無邪気のようだが貪欲であり、悲惨な結末を迎えることに無自覚であり、そして、異類の方は必ず排除されるという定番の台本が、私たちが継承してきた異類婚姻説話を通して読み取れます。

そして、これは前章までで見てきたように、この社会で起こりやすい排除のメカニズムと共通しているようです。相手を排除している側は、相手がどれだけ傷ついているかについて、無邪気であり、無自覚です。周囲は、相手が黙っていたりすると「もっとやれ、もっとやれ」と攻撃をエスカレートさせていきます。排除された側は「自分さえいなければ」と消えていく。排除している側は、そんな悲惨な結末を迎えるとは思いもよらなかったりする。

肌に染みついた「心の台本」の存在が、こうしたことから理解できると思います。私たちは、私たちの社会に用意されている「悲劇の台本」を無意識のうちに演じさせられているようです。ならば、その存在を知り、それを読んで、改めて「心の台本」を書き直してみようというのが、私の提案なのです。

ただし、現代になって、こうした説話をもとにした物語にもすでに変化は見られます。たとえば、1960年、児童文学作家の松谷みよ子さんが「蛇女房」を素材に創作した『龍の子太郎』という作品があります。詳しくは述べませんがこの物語では、龍と化していた母親は人間に戻り、異類は同類化され、ハッピーエンドを迎えます。悲惨なお話をそのように組み替えた松谷さんの手腕は見事です。

ただし、これは1960年代になってからの話であり、代々語り継がれ、心の底に潜《ひそ》んだ「心の台本」は依然、異類排除の物語なのでしょう。

2　外国の異類婚姻物語を読む

異類が排除されずに生き残る

「心の台本」を組み替えていくためには、木だけではなく森も見る、つまり私たちの視野を広げていくことが必要です。そのために、外国の物語に目を向けてみましょう。外国にも同様に異類婚姻説話が存在します。それを知り、顚末を読むことで、私たちの「心の台本」をさらに相対化することができるようになるでしょう。日本の説話にあるような話だけが、私たちの生き方ではありません。生き方はけっして一つではなく、まさに多様なのです。

諸外国の異類婚姻説話を見ると、ハッピーエンドを迎える物語が数多くあります。たとえば、グリム童話にも収録されている「カエルの王様」です。


【カエルの王様】


ある国の美しい王女が、金の鞠《まり》を森の泉に落としてしまう。そこにカエルが現れ、「金の鞠を取ってきたら、自分を友だちにして、また夕食を並んで食べて、あなたのベッドで寝かせてほしい」と言う。王女は提案をのむが、鞠を取ってきたカエルを置き去りにして城へ戻ってしまう。

次の日、王女が家族と夕食をとっているとき、カエルが現れて王女に約束を守るように要求する。王女から事情をきいた王は、約束を守るよう命じる。王女は仕方なくカエルと一緒に夕食をとった後、カエルと寝室に行く。カエルは王女といっしょにベッドで寝ることを要求するが、王女は泣きながらこれを拒んだ。

カエルは、約束を守らないと王に告げ口をすると言う。王女は腹を立て、カエルを壁に叩きつけようとした。するとカエルの魔法が解け、立派な王子の姿に戻り、間もなく二人は仲良くなり、婚約をする。

このように人間の姿に戻った王子は、王女と結婚するというハッピーエンディングを迎えます。

この「愛の奇跡」によって同類化する展開は、ディズニー映画などで有名な『美女と野獣』のお話なども似ています。1740年に最初、小説として発表されましたが、その後、物語が短縮されるなど、改変を加えられながら伝えられています。魔法によって野獣に変えられた王子が、心のきれいな娘（ラ・ベル　フランス語で「美女」の意味）と出会い、心を通わせていくなかで、やがて野獣は王子に戻り、二人が婚姻するというのが、物語の大まかなベースです。

「カエルの王様」も『美女と野獣』もともに異類が人間に変身し、どちらが去るわけでもなく、結婚して幸せに暮らすという結末を迎えています。異類としては拒まれていて、人間に変身することで初めて受け入れられるという見方も、もちろんできるでしょう。

しかも、ディズニー映画などで描かれる『美女と野獣』では、女性主人公ラ・ベルは、異類である男性主人公に対する自分のふるまいを反省し、相手に対して悪いと感じることを通して、異類が人間に変わるというプロセスを経ています。ラ・ベルは王子が人間になったから愛するのではなく、野獣の姿としての王子に対して罪悪感を覚えることで、愛するようになったと読めます。

さらに、カエルも野獣も相手にしつこく迫っていき、自ら去っていくことはしません。

すなわち、こうした物語には、異類として排除される側が去っていかずに、生き延びることで、やがて愛されるという可能性が示されているのです。そして、このような違いには、キリスト教の存在や、私たちの動物や自然に対する歴史的な関係がものを言っていたようであり、けっして西洋のものが理想的だとしているわけではありません。ただ、人生という物語を考えるなら、重大な結末の選択肢は多いほどいいでしょう。

異類が異類として生き残る

さらにおもしろい物語もあります。イヌイットに伝わる「鴨女房」というお話です。「鶴の恩返し」などと同様に、鴨が人間の女性の姿となって男性の前に現れて結婚をします。ところが、鴨であることが発覚し妻は夫のもとを去るのですが、夫は鴨となった妻を追いかけて連れて帰ってきます。その後も一人の夫と一羽の妻は、幸せに暮らすという内容です(小沢俊夫先生の『世界の民話——ひとと動物との婚姻譚』(中公新書)を見てください)。

これはすごい内容ですよね。異類である鴨が、鴨のまま生き延びるわけです。異類が異類として排除されず、幸せな結末を迎えるのです。

また、最近の映画『シェイプ・オブ・ウォーター』(アメリカ、2017年)では、言葉を話せない女性と半魚人との愛が描かれています。半魚人は人間ではないゆえに異類ですが、女性主人公も言葉を話せないという点で異類視される対象ともいえます。異類同士が、異類のまま愛を交わす。

このように見てくると、私たちの異類婚姻説話に描かれる物語展開は、別れ話で終わることが特徴だと理解できると思います。そして、私たちの文化というものが絶対ではなく、相対的なものだということもわかると思います。私自身、こうした発見が、生きるうえで、とても救いになりました。日本の外に目を向けて、文学作品や映画など、いろんなものに触れてみることは、その意味でもとても大切なことです。

3 重要な役割を担うのは〈あなた〉

第二者の重要性

外国の異類婚姻説話について見てきましたが、日本の場合も外国の場合も、物語展開のうえで重要な役割を果たすのは、異類である主人公だけではありません。むしろ、排除されがちな異類に向き合うもう一人の主人公の役割が重要なのです。『夕鶴』でいえば、つうに対する与ひょう、『美女と野獣』でいえば、野獣になった王子に対するラ・ベルがこれに当てはまります。

『夕鶴』では、与ひょうはつうに無理やり新たな反物を織ることを求め、またつうの「機を織っているとこを決してのぞいて見ないこと」という約束を破り、つうを苦しめて去らせることになります。一方、『美女と野獣』では、ラ・ベルは野獣である王子に対する行為を反省し、また野獣に愛情を通わせるようになります。それを通して、野獣は王子に戻り二人は幸せに暮らします。

つうや野獣を当事者である**第一者**とすると、与ひょうやラ・ベルは**第二者**に該当します。そして、二人を取り巻くほかの登場人物は**第三者**となります。実は、この**第二者の役割**が実際の人間関係においても物語の展開でも重要なのです。

〈みんな〉という第三者は当てにならない

『夕鶴』の場合、第二者である与ひょうはつうと愛情を交わし、二人の世界をつくっていました。しかし、運ずと惣どという第三者にそそのかされて、つうを痛めつけ、さらにはつうとの約束を破ってしまいます。大事な第二者である与ひょうは、運ずと惣どという第三者の意向に取り込まれて、やがて彼らと一体化してしまうのです。

運ずと惣どのように、この第三者というのはとても無責任な存在です。なぜなら、第一者と第二者が重要な関係性を結んでいるのに対して、第三者はまったく無関係な存在だからです。仲良くしていた友だち、恋人などの第二者がそそのかされて、嫉妬深い第三者に一体化し、第一者である自分との大切な関係性を捨ててしまう。そうすると、愛されるべき自分は誰にも助けを求めることのできない、救いようのない状況に置かれてしまうことになります(また、嫉妬深い第三者にそそのかされる第二者によって殺される花嫁の物語は、第7章2でも触れるシェイクスピアの『オセロ』を観てください)。

本当なら、誰かが異類を排除することをまったく疑わない第三者に反省を促し、彼らを変えることで物語の展開を変えることが重要でしょう。しかしこの場合、自分を取り囲んで「やれ、やれ」とはやし立てる第三者ほど、当てにならないものはないのです。

イメージとしては、古代ローマにおけるコロッセウムのようなものです。円形の闘技場の真ん中には、猛獣を相手に剣闘士が闘っている。これを取り囲むように観客席では「やれ、やれ」と人びとが歓声を上げて煽っている。彼らは、剣闘士や猛獣が命を落とすのを望んでおり、それを楽しんでいるのです。つまり、顔のないまま「その場の空気」をつくり出す彼らは悲劇を待ち望んでいる存在なのです。彼らは剣闘士が命を落としても反省しませんし、多くは罪悪感も覚えません。むしろ、次の闘いを楽しむことを求め続けるだけです。

『夕鶴』においても、運ずと惣どの話している言葉が理解できないとつうが話す場面があります。言葉がまったく通じない、と。第三者は、ああだ、こうだと言う存在であり、言っている言葉も意味を成していないことが多いということを先に指摘しました(第4章3参照)。なので、自分が排除されたとき、自分を取り巻いて、言いたいことを言っている第三者とは不気味です。沈黙して傍観者となるかもしれない彼らは、悲劇が起こるのを楽しみにしているようでもあり、緊急事態ではむしろ悲劇の進行を促す可能性があるのです。

重要な〈あなた〉を確保する

〈みんな〉という第三者が当てにならないとなると、重要なのは、やはり第二者の役割となります。自分にとって信頼できる**〈あなた〉**の存在次第となります。集団の中に、この大事な〈あなた〉を見つけて、確保できるかどうかが、悲劇の進行を食い止めるためには重要なのです。

第三者である〈みんな〉に取り込まれてしまう前に、踏みとどまって、自分との信頼関係を守ってくれ、味方になってくれるはずの〈あなた〉こそが悲劇的展開を左右するのです。『夕鶴』でいえば、運ずと惣どが「あいつは鶴なんだ」とはやし立てても、「たとえ鶴であっても、私にとっては愛情の対象なんだ」と言って、〈みんな〉と一体化しないで踏みとどまることができるのは与ひょうでしかありません。つまり与ひょうが、この〈あなた〉という存在で居続けられるかどうかが大きいのです。

〈私〉と〈あなた〉で愛の言葉を交わして、二人だけの世界を育んでいたのに、〈あなた〉の言っていることが通じなくなり、〈みんな〉と同じになってしまう。〈あなた〉を失い、〈私〉が一人で孤立してしまう。このようにして物語は、相手のいない〈私〉だけの一人芝居、一人相撲になってしまうのです。しかも、〈私〉との信頼関係を築き、二人だけしか知らない秘密を共有していた〈あなた〉が〈みんな〉に取り込まれてしまうと、〈あなた〉は〈みんな〉に二人だけの秘密さえばらしてしまうかもしれません。〈私〉にとっては、とても恐ろしいことです。

〈私〉だけがのけ者にされ、〈みんな〉は裏でつるんでいるのではないか。こんな想像をして、〈私〉はますます苦しくなる。夜も眠れなくなる。ちなみに、「つるむ」という日本語には、連れ立って何かをするという意味のほかに、性的な関係を結ぶという意味もあります。それぐらい強いつながりを表しています。

〈あなた〉の裏切りで、〈みんな〉に自分の秘密さえも知られてしまっているかもしれない。そうなると、丸裸で舞台に立たされているようなものです。隠れることのできる場所、すなわち、駆け込むことのできる楽屋がなくなってしまうのです。鶴であることがバレて、〈みんな〉に異類視され、排除され、自分が潔く去っていくしかない状況に追い込まれてしまうのです。悲劇が進行し、悲惨な結末を迎えることになってしまいます。

そうならないために、ここで述べてきたような、肌に染みついている「心の台本」を知り、その構造、メカニズムを知らなければなりません。そして、自分の味方になってくれる第二者である〈あなた〉という存在を確保することが大切です。この〈あなた〉という存在は、大切な友人かもしれませんし、あるいは両親かもしれません。もしくは、精神療法家、心理療法家などの心の専門家も重要な〈あなた〉になってくれる可能性があるでしょう。

また何よりも、自分自身こそが誰かにとっての〈あなた〉である可能性もあります。その場合には、〈あなた〉という存在の重要性を自覚し、安易に〈みんな〉と一体化して、相手を孤立させないよう気をつけることが肝要です。

4　化け物の正体は何か

化け物は人間である

染みついた「心の台本」を読み取るために、私たちの異類婚姻説話について、さらに読み解いてみましょう。「イザナギ・イザナミ神話」で隔離されるのは母神の腐乱した死体でしたが、「安珍・清姫伝説」では、女性主人公が男性主人公にとって恐ろしい化け物のような存在に変身していきます。この化け物になっていくという話を心理学的に考察してみましょう。

「安珍・清姫伝説」では、排除される女性主人公の正体が大蛇として描かれています。江戸時代後期の読本作者・上田秋成《うえだあきなり》の『雨月物語《うげつものがたり》』の中に「蛇性《じゃせい》の婬《いん》」という一編があります。舞台や映画の題材になることの多い作品です。ここでも、男性主人公である豊雄をたぶらかして誘惑する女性主人公の正体が、恐ろしい大蛇として描かれています。その描かれ方は、年老いた淫乱な女というものです。

すなわち、結婚する(もしくは誘惑してくる)女性が、実は恐ろしい化け物だったという物語です。すでに指摘したように、ここには男性の側から見た女性像というものが投影されているのだと考えます。相手の女性の中に、男性の側が化け物を見いだしているということです。

『日本書紀』の中にある「豊玉姫」の話では、神武天皇(日本の初代天皇とされる)の父方の祖母にあたる豊玉姫と火折尊《ほおりのみこと》が結婚し、豊玉姫が出産する際に「出産するところをけっして見ないでください」と火折尊に約束させます。ところが、ここでも多くの日本の説話と同様に約束を破って、火折尊は出産している場面をのぞいてしまいます。すると、「ヤヒロワニ」という蛇のような化け物になってのたうちまわっていたとされています。

民俗学者・国文学者の折口信夫《おりくちしのぶ》は、この「豊玉姫」伝説について、こんな解釈をしています。嫁という存在が他の集落など外の世界からやって来る。そして、出産など危機が及ぶような状況において、嫁の帰属していた集落由来の宗教的な儀式を行うなどした。これをさらに深層心理学的に解釈するなら、次のような見方になります。豊玉姫の奇妙な行いに、「ヤヒロワニ」という化け物の姿が、これを見る側から投影されているのではないか。

つまり、男性にとって外から来た、文化や習俗が違う異質な存在である嫁・女性の行いを化け物視しているのです。そう考えると、自分にとって理解できない存在、異質な存在を化け物に見立てているわけで、化け物は、本当は同じ人間なんだといえるでしょう。同じ人間であるはずの相手の異類性を強調して、化け物だとみなしているということだと思います。要するに、化け物の正体は、実は、相手をよく知らない人間の側の深層心理に由来すると理解できるのです。

化け物は見る側の欲望と罪意識の投影

相手を化け物としてとらえる心理について、さらに考察してみましょう。

「安珍・清姫伝説」では、清姫が安珍の寝床に現れ、安珍を誘惑しようとします。しかし、安珍は修行の身であることを理由にそれを受け入れようとしません。しかし、美しい女である清姫を受け入れて抱きたいという欲望がないわけではありません。修行の身であるから、その性的欲望は許されないと自分に言い聞かせて、禁欲を守っているのです。

その後、安珍に裏切られた清姫は恐ろしい大蛇の姿となって、安珍を追いかけます。清姫が実は蛇だったというのは、「蛇性の婬」と同様に、清姫という女性主人公の淫乱な性質を表しています。ですが、この蛇の正体は、実は、安珍の心にある蛇のような淫乱な欲望、つまり獣性の表れであると見ることもできるのです。

美しい女性を抱きたい、一緒になりたい。そうした獣のような欲望が次々に襲いかかる。修行の身である安珍は、この欲望を振り捨てなければならない。欲望は恐ろしい大蛇の姿となって、安珍を追いかける。安珍は大蛇に呑み込まれないように逃げていく。すなわち安珍は自らの欲望、つまり「蛇性の婬」を否定し、清姫が大蛇であると「みなし」て、相手のせいにしてしまっている。そう解釈することができます。こうした「みなし(見做し)」の心理現象を精神分析では**投影同一化**といいますが、「安珍・清姫伝説」は典型的な投影同一化の話と読むことができるのです。それにより、自分が「悪い」という思いを、相手が「悪い」とすることで処理するという責任の押しつけが起きているようです。

『夕鶴』では、与ひょうが、傷ついているつうに反物をもっと織るように要求します。「蛇女房」では、赤ん坊のお腹を満たすために、妻である蛇に、それとは知らずに眼球を要求する。両方とも要求する側は、一見、無邪気に見えます。特に「蛇女房」では、泣いている赤ん坊はお腹が空いたという獣のような本能の塊のような存在で、それ以上の意思も意図もありません。

しかし、表向き無邪気ではあっても、貪欲であり、結果的に悲惨な結末を迎えてしまうことになった責任は、異類である鶴や蛇の側だけにあるわけではありません。人間である男性主人公の側にもあるのです。つまり与ひょうにおいて、自分の貪欲な欲望による犠牲に関わる罪意識を、相手を邪悪視することで、処理していると解釈できます。これを、「みなし」すなわち投影同一化が起きていると理解することができます(投影同一化という概念は、オーストリア出身のメラニー・クラインという精神分析家によって発見されたもので、精神分析から学ぶ私たちにとっては宝物のような理解です)。

異類視されているのは自分のせいではない可能性

本当は、原因は自分にあるのに、それを相手のせいにしてしまうということは、現実の世界でもよくあります。

気に食わない相手がいて、そいつと喧嘩《けんか》をしたい。そんなとき、相手を挑発して相手から攻撃させて、「向こうが先に手を出した」というような子どもの喧嘩はよくあります。

また、国同士で戦争が起きるときなども、先に戦争を仕掛けてきたのは相手の国だと主張することが往々にしてあります。本当は、自分の国に戦争を仕掛ける理由があり、自分たちから戦争が起きる芽を育てているということが、多くの戦争の背後にあります。

したがって、化け物として異類視され、「汚い」「醜い」「悪い」「怖い」として排除される原因は、化け物とされた側にあるのではなく、むしろ、それを化け物とする側にこそあるわけです。そのような悲劇では、主人公が化け物だからではなく、周囲が内心の化け物を受け皿である主人公に投影し、勝手に化け物扱いしているのです。その筋書きと構造に気づけないと、自分さえいなければ、という「悲劇の主人公」に仕立て上げられるメカニズムが簡単に発動してしまいます。

自分が不当に排除されていると感じたなら、自分が人の投影を引き受けていることや、人を見る目のない人たちが勝手にそう見ているのかどうか吟味してみることが必要です。

たとえば、虫ケラを嫌う人は、自分の心の中に虫ケラがいるのを認めたがりません。それで、嫌いなそれを周りに投影するので、受け皿になった私たちをまるで虫ケラのような扱いをして駆除するのです。物語の与ひょうは相手の裏をのぞき込んで、「鶴だ、鶴だ」と騒ぐのですが、結局、鶴という異類は彼の心の深層にあったというわけです。

そして同時に、自分が化け物でないことをわかってくれる〈あなた〉、あるいは、化け物視されていても、それでも〈私〉を信頼してくれる〈あなた〉の存在を見つけて、その第二者との関係性を大切にすることが人生という物語の展開では重要なのです。

第6章 〈あなた〉との「つながり」——親子関係から考える

前章で異類婚姻説話を読み解くことで、私たちにとって異類の排除が物語の定番になっているということが提示されたと思います。そして第二者の果たす重要な役割を強調しましたが、これについて、深層心理学の視点でさらに掘り下げて考察してみたいと思います。

精神分析における発達理論では、多くの場合において、子どもである当人が第一者、母親が第二者、そして父親が第三者ととらえます。生まれたばかりの子どもに乳を与えたり、世話をしたりするなどして、第一者の子どもと第二者の母親との間で、アメリカの児童分析家E・エリクソンの言葉を借りるなら、**基本的な信頼**が生まれると考えます。その後、やや遅れて第三者の父親が子どものことに直接関わるようになり、子どもと母親のつくる二者的世界に参加して三角関係化するという、段階論的な発達の過程を想定しています。

そして、時代は変わり、いまやいろんなケースがあって、早い段階から父親が母親的な子育てにさらに関わっているようなケースも増えています。ここでいう「第二者としての母親」の役割を、実際にはお父さんが担っているという家もあるでしょう。また娘にとっては、男親のほうが最初の異性のパートナーになることも、将来の異性愛を考えるなら重要でしょう。

あるいは他のメンバー、つまり祖父母がその役割を担っている場合だってあります。このような場合、第二者の役割を果たす人間を「母親代理」と呼ぶようにすべきでしょう。ただし、本書でも便宜上、第一者、第二者、第三者の三角関係において、子どもが最初に濃厚な関係を結ぶ第二者を当たり前のように「母親」と呼ぶことが多くなっています。

しかし、けっして少なくない子どもにとって、第二者としての親である〈あなた〉が必ずしも特定の誰かではない時代を迎えつつあることは認識しておく必要があります。離婚や同性婚もありえますし、母親は自分を産んだ女親とは限らない。0歳児保育やベビーシッターのことを考えるなら、時代の多様な変化の中にあって、子どもの成長において第二者がどう連携してどうふるまうのかという、子の第二者との関係がますます重要になってきています。このようなキーパーソンとなる第二者の「母親」としての役割について、改めて考えてみたいと思います。それを通して、社会における排除の問題をさらに詳細に考察していきます。

1　人間には裏がある

未熟な存在としての人間

第二者の重要性について考えるにあたって、一人前の人間にもどこかに必ず未熟な**動物としての裏**があるということについて、まず論じておきましょう。

人間は、他の哺乳類動物に比べると、とても未熟な状態で誕生します。ほとんどの動物が生まれてすぐに立って歩くことができるようになりますが、人間の場合は違います。歩くこともできませんし、首も座っていませんし、言葉を発して相手に意思を伝えることもできません。

他の多くの動物のように、ある程度、成熟した状態で産まれるためには、本当であれば、母親の子宮の中にもう一年や二年長くいなければなりません。そう考えるなら、本来は胎児として母親の子宮の中で守られなければならない時期を、「子宮外の胎児期」(スイスの生物学者A・ポルトマンの学説)で過ごすことになるのです。

多くの場合は、胎内の「血(チ)のつながり」が、誕生した後もまた「乳(チチ)のつながり」でも受け継がれて、連続して「つながり」の錯覚が維持されるのでしょう。ここに「通じる」「通い合う」という幻想が維持されるという根拠があるのですが、これに応じた献身的育児がされなければ、無力な人間の赤ん坊は自分では生きのびることはできません。だからこそ、人間にとって外から与えられる第二者の子育てがとても重要なものであり、同時に子育てのあり方や育児を取り囲む環境に影響を受けやすいことが理解できます。

そして、文化の大きな部分を担う言語、さらに言語化された物語は、心のあり方を紹介できる点でも重要だと思っています。ただし、どのような文化であっても、人間が言葉を通して相手とコミュニケーションをとる生き物であることを考えると、赤ん坊が言葉を話せず、相手に意思を伝えられないというのは、決定的な未熟さといえます。つまり、何かを必要としながらも、その何かを他者に読み取ってもらわなければ得られないという状態なのです。

この絶対的な依存状態で、ただ泣き叫ぶなどで通じさせていた赤ん坊が、成長する過程で、言葉を覚え、求めているものを「わかる」形で伝えられるようになる。そして、母国語を使って相手と文化的コミュニケーションをとれるようになるなら、表向き自分のニーズとその満たされない不満をそのまま相手にぶつけるようなことはなくなっていくのです。

すなわち、自分の未熟な動物としての生々しい思いは裏に置いて、表にそのままぶつけることはしなくなるのです。もともと「うら」という日本語は内側、中という意味であり、そこから派生したからかもしれませんが、人の内面、気持ち、心という意味にも使われるようになりました。

自分の生々しい感情をそのまま表に出さずに裏に抱えて、言葉に変換して相手に伝えるということは、一人前の人間として生きるためにも必要なことです。ある人に対して不快な思いを抱いたとして、その刺々《とげとげ》しい情緒を自分の思うままに相手にぶつけてしまえば、相手をひどく傷つけることになります。そんなことをすれば、当てにならない人間となり、周囲からの信用を失うことにもなるだろうし、あるいは恥をかかせたことで、相手からの非難や反撃に遭うことだってあるでしょう。

かなり単純化していいますが、心をむき出しの裸のまま外に出すことは危険なのです。だから、未熟な獣の心や傷つきやすい心にも服を着させて外を歩かせる必要があるのです。そして普通は言葉や相手との距離のとり方、表情の出し方などなど、たくさんのことを成長する過程で学んで、身につけて、人間社会を生きていくことになります。

置き換えや二重化を行う心のメカニズム

しかし、誰もが知っているように、言葉をいくら使っても、生々しい思いはうまく表せませんし、相手に通じないものです。うまく話せない幼児や、あるいは場慣れしていない大人は、言葉ではいくら表現しても、人前では思いの万分の一も表せないものです。なので、人は表での言語化に対して、抱え込んだ本当の感情や幼稚な思いなどは、家(ウチ)や裏で、行為や態度を通して表現しようとします。「内弁慶」のような表と裏の**二重化**のメカニズムを、精神分析では**隔離**、あるいは**抑圧**、**分裂**、**乖離**《かいり》などと呼びます。

さらに成長するにつれ、力の強い者に腹を立てても、その者に直接、怒りをぶつけるのは危険なので、怒りの感情を、腹を立てている相手ではなく、別の弱い者にぶつけるということなどもします。これを**置き換え**といいます。強い者への怒りを対象そのものにぶつけるのではなく、弱い者にぶつけていじめるといったことも、この心のメカニズムによるものです。

こうした置き換えや二重化などを起源にして、人間は人格を表裏に分割することができるようになります。つまり、日本語でいう本音と建て前、私と公などの使い分けができるようになるのですが、私たちの文化では、この使い分けの様式が重用されています。

通例は、意識しないようにするという抑圧が多いといわれますが、**本音**として心に意識しながらも、表に出さないという心の二重化あるいは分割、そしてその使い分けを行うのは私たちの特徴でしょう。「胸に一物」「心中にわだかまる」という表現は、心の分割と内心に本音を置いておくスペースがあることを示すものです。「わだかまる（蟠る）」とは蛇のように不平、不満が心中にとぐろを巻くことを意味しますが、人には前章で問題にした蛇のような心があるということでしょう。

　こうした心のメカニズムがあるので、**嫉妬**や嫌悪感などのネガティブな感情、あるいは生々しい情緒は裏に隠されやすくなります。表面的には全員が同調しているように見えても、腹の底ではそれぞれ、まったくバラバラの本音を持っていたり、逆に表向きバラバラであっても裏でつるんでいたりすることも普通です。素顔はみんな違うのに、あるいは裏は未熟な子どもなのに、表面的には一人前の人間として何事もないような化粧をしているといったイメージです。

　さらに、そのまま表に出してしまうと危険な情緒や衝動などが特に隠されやすく、同時に適当なはけ口をつくって折り合いをつけることになるのです。思いをむき出しにするのではなく、置き換えや二重化を行うことができるのが、むしろ文化的な人間なのです。しかし、怒りを相手に直接ぶつけるのではなく、弱い者に置き換えてぶつけるという点では、見方によっては人間のほうが動物などよりも残酷です。

隠される性愛の「つながり」

さて、文化的な人間における一つの動物的真実として、性愛のことがあります。そのことを、育児環境を重視する私は、ここでわかりやすくいわねばなりません。

すでに触れてきましたが、通例、私たちの家庭では、「添い寝」や「同衾《どうきん》」(同じ布団に寝るという意味)などに代表される、密着を伴う母子間の「つながり」が強固につくられます。

そして、性風俗や性生活を描いて江戸時代に流行した春画《しゅんが》の一部には、発達早期のこの母子の「つながり」に成人男性(夫だと思われますが、そうでない例もあります)まで入ってきています。そして、三人が未分化な「同じ穴のムジナ」ともいうべき光景や空想を、あからさまに描いているものが少なからずあります。これは、私たちの二重化について考えるうえで、貴重な記録になると思います(もちろん、これらには男性中心のイメージだという批判があります)。

ここに掲げている春画(**図6-1**、**2**)では、一部カットしていますが、元の絵では男女が性器でつながろうとするところが描かれています。私たちの「同衾」の文化においては、母親の体を介して、育児とセックスが共存できる可能性を考えてきたことがうかがえます。ただ国際的に見て、日本の夫婦におい

図6-1　鈴木春信「欠題組物」中錦十二枚組物(部分)

図6-2　葛飾北斎「東にしき」(部分)

てはセックスの頻度が低いという報告もあり、逆にこういう女性を二重化するという困難のために、現実的にセックスが難しくなるという解釈も可能です。

私がこのような春画を見せて問題を論じて以来、実は「うちもこれだ」と個人的に報告してくれる若いカップルが多いことも事実です。しかしそれでも、こうした父母の性的な「つながり」は、子どもには隠されていることになっています。

ここでは、父母の「つながり」と母子の「つながり」を共存させようとする意図のあることは確かなのです。三角関係を重視する精神分析の観点から、なぜこれが隠されるのかを考えるなら、母体を父と子が奪い合う三角関係となることを回避しているところがうかがえるのです。

幼いころから子どもが両親とは別の部屋を与えられる場合でも、こうした「同じ穴」での共存共栄はイメージされるかもしれません。もっとも個人差がありすぎる領域ですし、世界のどこでも性生活と育児の両立に関する実態は、管見《かんけん》ですが、不明なのです。しかし、現在の少子化問題を考えると非常に重要なテーマであると思うのです。この「穴」という表現は母親の子宮のことも暗喩的に意味しています。

ただし私の日本における臨床経験からいうのですが、その個人差の中で、このような親密に結ばれ密かに交わっている「和合」を、何もかもがいっしょくたになって溶け合う状態として記憶する人がいます。これを象徴するのが「家族風呂」という設定であり、それは「とろかし」の魅力を有して、究極的には生臭い「沼」、あるいは一塊の「餅」や「だんご」のように体験している人たちもいます。

もちろん、これを気持ちが悪いという人もいるでしょう。多くの人びとは、このような実際の原体験があるからこそ、この小さな「お祭り」のような、官能的な「密着、密接、密集」の「つるんでいる」関係や「通じる」状態を懐かしく思い、そこに戻りたがるものだと私は考えるのです。

「母親的」と「性的」という二面性

私たち専門家の立場から臨床的事実として、もう一つ重要なことを申し上げます。つまり、この「母親的女性」と「性的女性」の二重性や多面性を生きる女性像に対して、あるいは、それが男性と性的に交わる姿について、とんでもない化け物や恐ろしい光景のように見る子どもがいるということです。そのうえ、性器部分とその結合が異様に強調され、これを目撃する子どもが受ける印象を踏まえて描かれたものだと思われる春画が数多く存在します。

だから、昼の営みと夜の営み、また語弊があるかもしれませんが、「昼は淑女、夜は娼婦のように」の二重性。ここが、うまくこなせると大人なのでしょう。サイコロジストの馬場《ばば》禮子《れいこ》先生は、

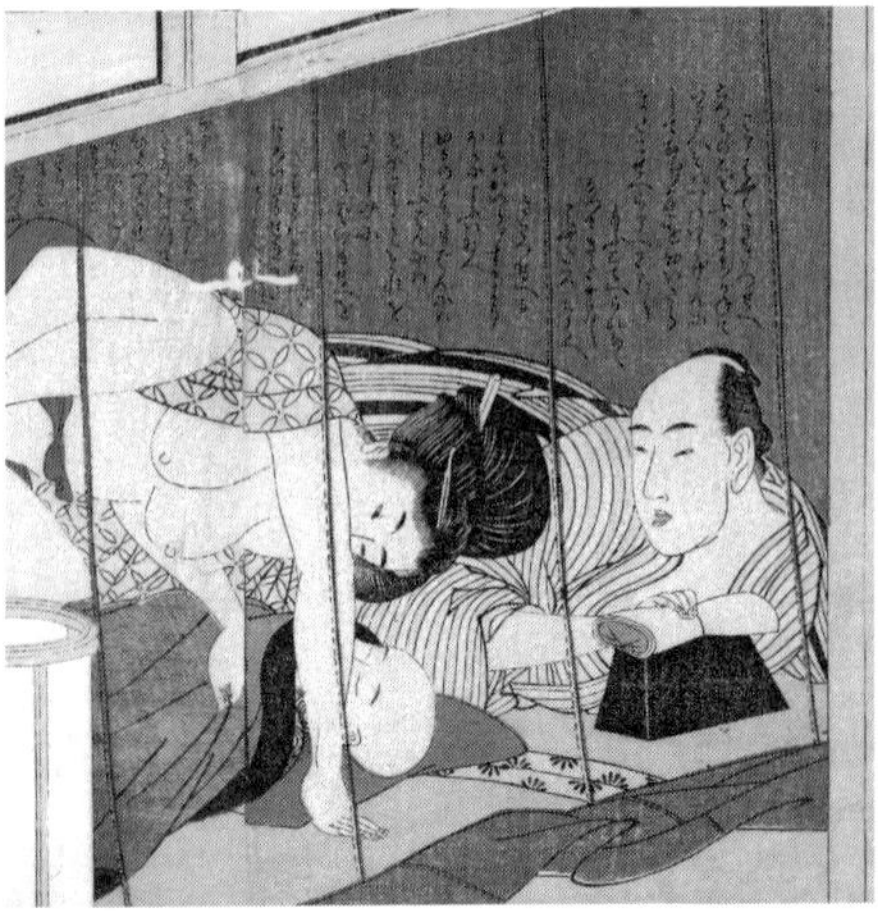

図6-3　喜多川歌麿「葉男婦舞喜」（部分）

子育て支援の立場から、夫にも子どもにも求められてモテる状況を、母親は両手に花なんだから楽しめばいいじゃないのって言っておられました。理想化されすぎているとか、女性への負担が大きいとかの声が聞こえてきそうですが、母親が柔らかに子どもと夫の間を渡しているところが喜多川歌麿の絵（図6-3）に描かれていると思います。

性愛の真実とは、日常の表の生活と共存させて考えるなら、心理的に消化しにくいものであり、その割り切れなさに一生悩まれる方もおられます。だから、特にこれをこなせない乳幼児には簡単に見せるわけにはいかないので、裏に置かれることになるのです。

子どもは成長することで、こうした性愛を自分の中でこなすことができるようになり、親の性愛関係についても「笑いごと」のように扱うこともできるようになるのです。春画が「笑い絵」とも呼ばれるのは、そうしたことが反映しています。またかつては、性愛を描いた写真集などを「裏本」と呼びましたが、人間の裏として認識されていたわけです。

発話させる力

人間社会においては、こうした二重性の「けじめ」を保ち続けてこなすことができる人が、成熟した大人として評価されます。自分の起伏のある情緒や激しい衝動などを心の中にしまっていられる人ほど、「落ち着いている」「腹が据《す》わっている」などといわれ、高く評価されます。

逆に、二重性を保つことができず、感情をそのまま露呈させてしまうと評価は低くなりますし、ハブられやすいともいえます。また、二重性を保っていた人が、その状態を維持できずに、表と裏の矛盾が不用意に露呈してしまう場合も、人から軽蔑されます。メッキが剝《は》がれた、腹の中が見透かされた、身から出た錆《さび》などといわれたりします。

こうした表と裏、本音と建て前の使い分けに重きを置く社会では、本音などの裏はますます隠されやすく見えにくくなります。そして、表面的に同じであること、平穏で違いのないことに重きが置かれるようにもなります。

したがって、社会においては、性愛のあり方が露呈するだけで笑われるのであり、そのあり方が他の多くと違っていたりすると、途端に「変わり者」などと呼ばれて異類視されることになりがちです。噂や陰口の対象となり、いじめや排除のターゲットにもなりやすくなります。

ただし、他人からああだ、こうだと言われるということは、他人から注目を集めているということです。これも見方を変えれば、相手が何か言いたくなる、発話をさせる力を持っているともいえます。そして、他人と違うということは、他人にはできない特殊なタレントを持っている可能性もあります。人に発話させて、それをうまくこなせれば、むしろ才能のある人間として高く評価されることもあります。

しかし、同調圧力の高い社会では、特殊な才能を発揮する際に、違いの出し方を間違えると、叩かれるのです。特殊な才能を持っていることは嫉妬の原因にもなります。特に、心の繊細な周辺過敏者は性的な噂などのターゲットにされると、周囲に余計に反応して、裏に隠すべき感情などをさらに露呈させ、ますます目立ってターゲットになってしまうという悪循環に陥ってしまいます。

ですから、人間の二重性を知り、裏と表の扱いをどうするかは、人が生きていくうえで大きな課題なのです。人間には必ず裏があり、それを不用意にさらしてしまうと危険である社会に生きていることを、ここでは知っておきましょう。

2　裏の「見にくさ」

子どもにとっての裏との出会い

人間には必ず表と裏があることと、その発生論を確認しました。次に、人間にとって「裏」とはどういうものなのか、どういう意味があるのかをさらに考えてみたいと思います。特に、私たちの姿について、その全体の「見にくさ」に焦点を当ててみます。

表面的には平静を装っていても、本音ではいろいろな思い、欲望がうずまいている。本当は相手にムカついているのに、そういう態度は表には出さない。このようなふるまいは、ごく日常的なものです。もちろん、ちょっと前までは、欲望に基づく言動は駅裏や裏通りに展開し、ゴミもまた裏庭に置かれて裏口から出されました。性愛のことも、そのまま表に露出するなら、醜いものなので、見えにくくなっています。そういうわけで裏というものは、けっして総じてきれいなものではありませんので、最近は「裏」が表からすっかり消えてしまったという感があります。

「醜い」という言葉の語源は、「見にくい」です。つまり、見ることが難しい、見るに耐えないという意味から派生した言葉です。見てはならないものを見てしまうと、ショックを受けます。本来、隠されて見えないようになっていた裏が見えてしまうと、人びとから醜い、汚い、いやらしいと非難されることになります。裏は見にくいし、醜いものなのです。

このことを子どもの発達という観点から見てみましょう。産まれたばかりの赤ん坊には、表も裏もありません。欲求の赴くままに泣いたり、笑ったりするだけです。裏の存在を知らない子どもが成長する過程で、人間の裏側に出会うとき、それはショッキングな出来事として心に刻みつけられることがあります。そして、通常、子どもの「人間世界の裏との最初の出会い」は親たちの配慮と、それとの関係によってなされます。

表で立派な親に見える人たちが、裏の見えないところで虐待を行っている場合や、それまで元気であった人物を事故や病気のために急に亡くすことが、その被害としての苦痛や傷痕、そして幻滅のために、重大な心的外傷になることは明瞭です。先に述べたような家族の一体感などが元よりなかったケースもあり、そこでは一緒に暮らしながらも、「お前のような子を生んだ覚えがない」といった脅かしが、ただの不安というよりも現実になっているのです。

詳しく述べませんが、この表と裏の幻滅をうまく乗り越えられないようなケースもあります。その不幸なケースの最たるものの一つは、イギリスの精神分析家で、精神分析学の重要な理論を築いたドナルド・ウィニコットのいう**「抱える環境**(holding environment)**」**としての家族が崩壊している場合でしょう。外では普通にふるまっている親が、子どもに対してひどい暴力をふるったり、育児放棄をしたりするなど、心の「ふるさと」、つまり拠り所や居場所となる環境があまりにもひどい場合です。子どもを抱えるべき家庭がその機能を果していないのです。こうした経験を受けた子どもが、表と裏の矛盾の扱いや家族の喪失、崩壊をうまく処理できないまま成長してしまうこともあります。私のような精神科医が治療している人にも、そうした人たちは少なからずいます。

しかし、普通の家の中であっても鬼の形相で叱る母親が、家の外では上品に穏やかにふるまっているという裏腹などは日常茶飯です。家の中では偉そうにしている父親が、家の外では腰が低いとか、母親と野獣みたいなセックスをしているとか。このように人には表だけではなく、裏があることを不用意に知ったとき、幼い子どもは大きなショックを受けるようです。外傷の中でも、理想化された親の食い違う裏側の発見を**幻滅**と呼びます。

こうした表と裏の矛盾を見せられ幻滅するとき、多くの幼い子どもは、怒りを感じたり、悲しい気持ちになったりするでしょう。また、親の夫婦喧嘩を見て、家族崩壊の危機や、その責任までも感じる子どももいます。こちらに見にくいという苦痛があるのに、そのまま相手が醜いと感じることもあるわけです。

親たちの表と裏の二重性による幻滅に対し、どう乗り越えていけるかは、人の成長においてとても重要な課題となります。というのは、人には表と裏があり、矛盾をこなし、折り合いをつけてその全体を当たり前なんだと納得したり、また、自分の中でも表と裏を使い分ける力を身につけていくことが、人間の成長のプロセスだからです。そして知っておきたいのは、人間には裏があり、親などの大人に裏があることを知ることで、人間の全体との出会いが始まるということです。

添い寝と一人寝

私たちは、表と裏の使い分けに重きを置く傾向のあることをすでに指摘しました。できるだけ感情などを表に出さず、表面的には極めて穏やかなのに、裏でははけ口を求めて激しい陰口や悪口のやりとりがなされている。異質とされる人が「蚊帳《かや》の外」に置かれて、内側では残る同類たちがみんなでつるんで、ああだ、こうだと言う。

なぜこのような二重化という特徴が生じるのでしょうか。私は、私たちにとって「裏」というものが、特別な意味を持っているからではないかと考えます。そして、このことは、私たちの発達や成長プロセスで一人前になるための「しつけ」や「けじめ」の付け方において、「すぐそこにある性愛」、あるいは下半身の動物性が見えにくいという特徴が関係しているのだと考えています。

私たちは多くの場合、生まれてしばらくの間、親たちとの間に動物的な一体感を覚え、それを原初的な体験として人生を出発させています。親はまず赤ん坊を抱っこし、理解や温かさとともに、食べ物をやり、寝かせるなどし、「子宮外の胎児」として生きていくために必要なことを子どもにほどこします。赤ん坊はひたすら親に依存します。この生後における「甘え」の原体験で重要なのは、もちろん人間ですが、自立に向かう人間として成長する前段階の胎児的な関係性でしょう。

この原初的な体験の時期について、西洋などと比較し、私たちの文化における親が子どもに添い寝して過ごす期間や濃度が注目されてきました。この事実と深層心理の詳細はなお不明なところがあるのですが、それで依存心を強めるとか独立心の妨げになるとか単純にいえるものではありません。ただし、添い寝はアジアなどを中心に広く行われているようですが、ヨーロッパでは少ないようです。

「川の字に寝る」などといいますが、子どもを挟んで、親が両側で寝るような状態を長く続けていることは、私たちにとってそれほど珍しくはありません。そこで、上半身の母子関係が濃厚であって、父母の下半身の濃厚な「つながり」が裏に隠されることも、二重化、そして使い分けと呼べるでしょう。同時に、そこでは皆が幻想的に「連《つる》んで」動物的に三者が共存する「同衾」がくり返されている可能性があるのです。また冒頭に説明した第一者、第二者、第三者の関係性でいうと、第一者と第二者における二者、あるいは三者が三角関係化されないまま、長い子ども時代を過ごしていることもあります（三角関係の重要性は第8章を見てください）。

たとえ日本であっても、赤ん坊はお腹が空いて泣いても、両親は別室にいるからすぐにはやって来ないという一人寝の状況を考えてみてください。赤ん坊はさらに激しく泣いて親を呼び、呼んでも呼んでも誰もやって来ないことを思い知るか、あるいは、親がしばらくいない状態であっても平気になるか、そうした方向へ向かうしかない状況があるでしょう。早い段階から、自分一人でどうするかが問われるような環境に置かれているのです。だから、その深層には恨み、攻撃性、悲しみ、孤独など、私たちには想像を絶するものがあるかもしれません。

また長く続いた二者関係であっても、永遠に続くことはありません。もしこれが急激に世話を撤去されたら、子どもの側は大あわてで自身の身の周りの世話をしなければならなくなる。依存的な乳幼児が汚物や吐物の管理を急激に押し付けられることも、この文化に特徴的に起こりやすいことであるという人もいます。私たちの文化が汚れているもの、すなわちケガレなどに敏感なのは、成長段階で急激な「清潔訓練」あるいは「トイレット・トレーニング」が求められることから生まれているのかもしれません(イギリスの社会学者G・ゴーラーや私が唱えている考え方です)。

英語には「マザー・ファッカー(mother fucker)」という侮蔑《ぶべつご》語がありますが、これは直訳すれば母親と性交している奴となり、母親と一緒に寝ているなどというのは最低な軽蔑の対象となるのです。また、いつまでも子どもと寝ている母親は、子どもを性的にたぶらかす存在として魔女扱いされた歴史さえありそうです。それぐらい、近親姦《きんしんかん》の危険性を忌避する文化からすると、発達初期における長期の添い寝と「川の字」は、体験の個人差もあるところですが、興味深い習慣なのです。

しかし、親子のベッドルームのことは性愛が絡みます。おそらくこの見えにくさのために、この点を発達や成長の観点からの正直な深層心理を比較する調査研究が難しいのでしょう。

裏でひっそりとつるむ

添い寝、一人寝が情緒的安定、あるいは知能に影響するなどといいたいのではありません。むしろ、こうした原初的な体験が、私たちの考え方にいろいろな影響を及ぼしていると私は考えます。冒頭で述べたように、第二者との関係が初めにあり、その後、第三者が現れて、第二者との親密な関係性が崩れ、三者関係となっていくという段階論があります。しかし私たちは、なかなか三角関係化されない状態が、長く続くというのが特徴的なところでしょう。

それを、私たちの多くがどこか「心のふるさと」のようなものとして、心に抱いているのではないか。第二者との強い一体感の記憶が、訴えれば叶うという「甘え」の心性にもつながっていると私は思います。そしてそこには、父親まで共存する「同衾」の「つるむ」世界があったという記憶や幻想のある場合もあります。これが、この本書の冒頭でいった、「同じ穴」の同類幻想の発生基盤となるのではないでしょう。

第3章2で、私たちにおける「甘えの構造」について触れましたが、甘えについての感覚が、私たちの場合は若干違っています。私たちは日常的に、この内輪でひっそりと「つるむ」あるいは「通じる」ことを肯定的にとらえています。互いの距離をしっかりとるのではなく、特に危機的状態では、どこか「つながり」や「きずな」を求める根強い傾向があります。

私たちは自分の意見をはっきりと主張することが苦手だとよくいわれます。最初に自分の意見を述べても、相手に問い詰められると、この後ろ向きの思考で、すぐに腰砕けになってしまうのかもしれません。結論を出そうとしない。あやふや、曖昧にしたがります。平凡が一番で、地味がいい。そこには、「同じ穴」の出身なので、内輪のみんながどこかで相互に許し合うこと、言わなくても「通じる」ことを控え目に期待しています。許し許されるぬるま湯のような関係に浸っている感覚を求めたがる傾向もあるように思えます。「ぬるま湯」の「湯」の語源として「ゆるむこと」「ゆるし」などがあります。「ゆ」の発音を使う日本語には、「許す」「緩む」などがありますが、「楽しむ」や「癒《いや》す」の意味の「癒」も「ゆ」と読みます。みんな裸になってお湯に浸かり、ゆったりとリラックスできるという私たちの温泉好きはその一例です。許し、許されることを求めさせる同類幻想は、互いに溶け合い浄化される「ゆ」というイメージでさらに具体的になるでしょう。

長く続いた家族的一体感を「心のふるさと」として懐かしく感じ、同様の一体欲求を相手に期待してしまう。こうした以心伝心の可能性は、むしろ裏(＝心)の「ゆ」への期待を大きくします。表面的には大人の態度をとっていても、裏でつるみながら、ああだ、こうだと言いたがる。みんなが裸になって温泉につかり、幻想的に溶け合える。一皮剝《む》けば、「同じ穴の同類仲間」となって、ひっそりとつるみ、つながるという淡《あわ》い期待。

会社などでの会議では、議題が出された時点ですでに結果が決まっているということがよくあります。実質的に会議が議論の場になっておらず、結論を承認するだけのような形で行われることが少なくありません。これは、会議の前に、裏のコミュニケーションで、事前に話し合いが行われていて、すでに結論が決まっているからです。つまり、会議という表ではなく、事前の話し合いという裏が重要な役割を果たしているわけです。そこでは、相手の言い分を聞いたり、ご機嫌をうかがったりといったことを含む根回しなどが見えない形で行われます。

このような裏でのコミュニケーションが、ここでは大きな意味を持っています。逆にいえば、そこからの追放、放逐、そして切り離しがこの上なく怖い。この裏でのコミュニケーションの連絡網から外れてしまうと、簡単にハブられてしまうのです。

そのうえ、「ハブられる」恐怖や「見捨てられる」不安の強化は、言葉によっても発達早期から始まるのです。たとえば「そんなことをする子は母さんは知りません」「生んだ覚えはない」「ウチの子ではない」という、しつけのための言葉は、お前は仲間じゃないぞというメッセージでしょう。かつて常套句《じょうとうく》のように言われた「橋の下で拾ってきた」などという脅かしの言葉によっても、仲間から排除され異類として扱われる恐怖を早くから思い知ることになるでしょう。

愛すべきお母さんが、正反対のことを言い、真逆の態度をとるのです。第二者である母親との受容的な一体感が濃厚で長く続くため、「生んだ覚えはない」という、正反対の拒否を知ったときの落差や幻滅は大きいのです。

様々な裏をうまく取り扱えるか

すでに述べたように一人寝の場合、子どもは早期から別の部屋を与えられるなら、自分でどうすればよいのかという問題に早い段階で直面します。そうした環境で育った場合の「私」や「個」というものに対する考え方は、私たちが大切にする「和」の場合とは大きく違ってくることでしょう。早い段階から、子どもとは別の部屋で両親だけで寝ているという環境では、両親には子どもが知らない夫婦生活という裏があるということが、そもそも見える形で大前提となっています。両親は、性生活という両親同士の秘密を共有していて、それが子には隠されているということが、物理的にもはっきりしているからです。

精神分析家としてのパイオニアである古澤平作《こざわへいさく》先生と小此木啓吾《おこのぎけいご》先生が、私たちの親子関係について阿闍世《あじゃせ》コンプレックスという考え方を提唱して、議論になったことがあります。阿闍世は古代インドに栄えた国の王です。仏典に書かれている阿闍世の逸話をもとに提唱した精神分析概念です。

ごく簡単に説明すると、阿闍世は父親を憎んで幽閉してしまいます。まともな食事も与えないので、母親は阿闍世にバレないように、自分の身体に蜜を塗って夫に会いに行き、そして自分の身体を舐《な》めさせました。これを知った阿闍世が大きなショックを受けるというものです。古澤先生や小此木先生は、この「阿闍世コンプレックス」を日本の親子関係に当てはめて提唱したのです。

すなわち、自分と一体関係にあるはずの母親が、実は、父親とつるんでいたということを知る、急激な幻滅と三角関係化のショックです。子どもにとっての第二者である母親との関係性が濃厚であったがゆえの悲劇であり、その体を舐めさせる母親が夫の性愛の対象であるという二重性が幻滅や怒りの原因なのです。

こういう、信じていた愛情対象の裏を知ったときの幻滅は、成長してからも至るところで経験します。たとえば、自分の入っていないＬＩＮＥなどで、自分についての噂話、陰口を周囲の人間で言い合っていて、自分だけが知らなかった。それを知ったときのショックはとても大きいと思います。裏切られたと。表面的には何事もないように見えて、実はその裏で裏切りが進行しているということが、私たちにおいては少なくないのです。

裏社会などという言葉もあるように、裏と表の二重性が横行し、その使い分けが強く求められるのが、この社会です。そして表面的には穏やかでありながら、隔離された形で裏コミュニケーションや性愛関係が激しくなされているのです。したがって、愛する対象の裏側を知ることによる急激な幻滅や嫉妬、そしてアンビバレントになる気持ちをどう乗り越えていけるかは、私たちにとってはとても大きな課題となっています。

たとえば『夕鶴』では、つうが反物を織り、与ひょうがしだいに金持ちになっていく。でも、本当は、つうは鶴で、自分の羽をむしって反物を織り、ボロボロになっていた。そのことを知ったときの与ひょうはショックを受けます。このときに、与ひょうが、つうの持つ表と裏の二重性を受け入れ、自分の中でうまく扱うことができていれば、物語の結末は変わったでしょう。

同じように、親から大事に育てられ、「何も心配しなくていい」と言われてきた子どもが、実は家計の実態はとても苦しく、親が病気で苦労していたなどと突然、思い知らされたとしたら。

特に思春期のころには、こうした裏の存在に直面し、それをうまく受け止めることができずに苦しみ、心を消耗させるという危険性があります。裏のコミュニケーションが発達し、裏のパイプが太くなり、複雑化しやすい社会を生きている私たちにとっては、この裏をうまく扱っていけるようになることが、特に大きな課題となっているのです。

3　異なる世界への橋渡し役としての〈あなた〉

一体感が失われることで生じる傷つき

成長の段階で、誰でも周囲に裏があることを知り、幻滅で私たちの心は多かれ少なかれ傷つき孤立することになります。

冒頭に述べた第一者、第二者、第三者の関係でいえば、長く一体感を保ってきた第二者である母親が、実は第三者である父親とつるんでいたことを知らされて、ショックを受けるのです。たとえば、子どもである自分の知らないところで、母親と父親が自分のデリケートな問題について話し合っていたなど。第二者との関係性に第三者が入ってくることで、裏切られた、親は汚い、醜いという思いを抱き、怒りを覚えたり、嫉妬を覚えたりする。二者関係が突然、三者関係になり、第三者というライバルがいることを思い知らされるのです。

母親が実は父親とつるんでいたことを知るという以外に、セックスの結果として弟や妹が産まれてくるという場合も同様です。自分だけに愛情を注いでいたはずの母親との親密な関係性が、弟や妹が誕生することで崩れてしまう。しかも、二人目はまだ幼いので、母親との動物的な一体感が特に求められる。

あるいは、遅れて育児に参加してきた父親があまり家事や育児に積極的ではなく、もう一人の子どものような扱いを妻から受ける場合もあるでしょう。母親が実際の子どもの世話と夫の世話を両方しているような状況は、現在でも私たちの家庭において母親の愚痴として聞くことが少なくありません。

いずれにしろ、一体感を維持していた母親が自分だけのものではなくなる。お母さんが愛しているのはもはや自分だけではないのだと知る。「自分だけのもの」のはずの母親が長く不在となる場合もあるでしょう。そういうことが、子どもの成長において最初の大きな一撃にもなるのです。

したがって、このときに、第二者である母親がどうふるまうかは、子どもの成長にとても大きな影響を与えます。子どもである自分を愛していると同時に、父親も愛している。弟や妹ともつながっている。こうした多面性を子どもにどう受け止めさせるかが、第二者に大きく問われるのです。

重要な橋渡し役としての第二者

母親という第二者が自分だけのものではなくなり、第三者に包摂されてしまうと感じたとき、子どもは第二者が自分と第三者の両方に通じているという二面性を感じとります。子どもはショックを受け、この二面性把握に困難を覚えます。

人が二面性を持っているということは、とかく低く評価されがちです。特に女性が二面性を持っていたり、もっとたくさんの顔を持っているということが、まるで化け物でもあるかのように扱われてきた歴史があります。たとえば、エジプト神話に登場するスフィンクスなどは代表的な例です。女性の顔、女性の胸を持ち、猛獣の身体を持ち、背中には羽がある。女性の多面性が化け物の象徴のように扱われています(177ページの**図8-1**参照)。

しかし、本来、人間における二面性は、異なる二つの世界をつなぎ、世界の全体を教える**橋渡し役**になることができる能力でもあります。第二者である母親の場合には、人間の関係性は排他的な二者関係だけではないことや、家の外には別の世界があることなどを子どもに知らせる重要な役割を担っています。

母親だけに限りません。父親も、家の顔と外の顔を併せ持つでしょう。会社における中間管理職などもそうです。会社の上層部と課員との間を調整する役割は、組織にとっては重要です。

ところが、こうした二面性は嫌われる傾向が強いのです。いったい、どっちの味方をしているのか。自分たちの味方のふりをして、実は向こうの味方をしているんだろう。ずるい、卑怯《ひきょう》な奴だ、というわけです。

私たち精神科医も、患者さんを治療して社会生活を過ごせるようにするという点では、患者さんと社会の橋渡し役でもあります。にもかかわらず、患者さんからは「先生は私のことを本当に考えてくれているのか」「本当は、私の家族の言い分を信用しているのではないか」と批判されることもあります。

どっちにも通じていて、どちらの味方をするのか旗幟《きし》を鮮明にしないことは、とても評判が悪いのです。「コウモリのような存在だ」という言い方があります。コウモリは羽があって飛ぶことができますが、鳥ではなく哺乳類です。そうしたわかりにくさが、**どっちつかず**の裏切り者のようなイメージと重ねられています。

しかし、異なる世界への橋渡し役となれる二面性を持った第三者は、成長する子にとって重要なキーパーソンなのです。二者関係から三者関係へと導いてくれる役割や、家の中から外の世界へと導いてくれる役割などを担い、対立している相手との間をとり持ってくれる存在として力を発揮してくれることもあります。

どの家族においても、多くの母親が「あちらとも通じ、こちらでも通じる」というネットワーキングの役割を担っている。こうした役割の意義をきちんと理解しないと、お母さんもまた孤立してしまいます。またお母さんも、お父さんのことを子どもにうまく示さないと、お父さんも孤立してしまいます。

かつてのドラマなどで、家のことも子どものことも全部引き受けて、おおらかにふるまっている「肝っ玉母さん」のような母親像が高く評価されていた時代も長くありました。しかし、こうしたネットワーキングにおける多面的な役割を、すべて女性である母親にばかり負わせてきたことの問題は大きいです。いま、女性は結婚して子どもを持つことに負担を感じ、そういう多面的な役割を選択をしない人も増えてきています。男性の家事や育児へのかかわり方など、こうした問題が問われる時代を迎えているのです。

居座るつうが与ひょうを変える

橋渡しの機能をもつ第二者の役割の重要性について見てきました。これを排除との関係でも見ておきましょう。

二面性を持っている橋渡し役は、とかく評判が悪いと指摘しました。『夕鶴』でも、つうが人間の姿をしながら、実は鶴であったということを知った二重性のショックが悲劇へとつながっています。与ひょうが、このショックをうまく受け止めていれば、物語の展開も変わったでしょう。

と同時に、橋渡し役であるつうの側が、どうふるまうかによっても、物語は変わっていきます。もし、つうが、与ひょうに見られたことに傷ついて去っていくという選択をとらず、居座り続けたとしたら、どうでしょうか。与ひょうは、人間でもあり、動物でもあるという二面性を持ったつうのことを理解し、受け入れることになるかもしれません。つうが居座ることは、与ひょうにとっては、大きな成長の機会をもたらすことにもなるのです。

実際、作者の木下順二の描き方は、与ひょうを無邪気な子どものように描いています。新たに反物を織ることを要求する与ひょうの言動は、世の中を知らない駄々っ子のように描写されています。つうに献身的な母親の姿を重ねて、物語を紡《つむ》いでいたのでしょう。

いずれにしても、与ひょうこそが恩を知るためにも、二面性を持ったつうは去っていかないほうがよいのです。その二面性を示し、自らそれを肯定することで、与ひょうは異類化されたものから知恵を得て成長し、相手のことを学んでいけるからです。

しかし実際の物語では、つうが去って行ってしまうことで、与ひょうは、重要な第二者である〈あなた〉を失ってしまいます。彼は孤独になり、さらに成長していく機会が奪われてしまいます。

第5章3で、つうにとっては、与ひょうが重要な第二者、つまり〈あなた〉なのに、第三者である運ずと惣どに包摂されてしまうことで、つうは〈あなた〉を失い、迷子になってしまうという話をしました。この展開では、周囲はすべて第三者である〈みんな〉になってしまい、居場所がなくなり、排除されることになるのです。彼女は傍観者だけに囲まれているような状況です。

一方で、与ひょうにとっては、つうこそが、重要な第二者である〈あなた〉なのです。つうが去っていってしまえば、与ひょうも〈あなた〉を失ってしまいます。

つうも与ひょうもお互いにとって、重要な第二者としての〈あなた〉なのであり、お互いにとって重要な役割を果たしていることがわかると思います。

悲劇の物語にしないために、第三者への橋渡し役としての第二者が重要であることを、改めて認識する必要があります。

第7章 人生を劇として見る

——「心の台本」を紡ぎ直すために

前章で見たように、私たちが人生を出発させる原点ともいえる幼児期のころ、すでに人は裏と表があることを親によって知らされるという幻滅を経験しています。その後、人生の中で友人に裏切られたり、人や自分の二面性を思い知らされたりするのですが、私たちの原点の傷つきのメカニズムを知り、それを意識化してみると、幼児期に経験した悲劇が台本になってくり返されているということに気づくと思います。つまり、相手を変えながら、同じ台本をくり返し演じていることに気づく人も多いでしょう。

この悲劇をつくっている**「心の台本」**を読み取り、そこに書かれている物語を書き直していくことを、私は提唱してきました。「心の台本」を改訂するといってもいいでしょう。改訂するという意味の英語に「リヴァイズ(revise)」という単語があります。語源的には「再び」を意味する「re」と、「vision」や「visual」などと同じ語源を持つ「見る」を意味する「vise」から成り立っています。見直して、改訂していくのです。
そのためには、原点の悲劇について何度も見直して読み直していくことが大切となります。

1　人生という劇を生きる

人生を劇の比喩でとらえる

「悲劇の主人公」という言い方をしますが、ある意味、この言葉はとてもよくできています。「悲劇の主人公」という表現は、特定のお芝居などに使われるというよりは、いろんな演劇の主人公においてくり返される悲劇を指しながら、現実の世界における人間の生き様に対する比喩として使われます。

お芝居でも現実世界でも、悲劇の主人公は、相手役を変えながらくり返し悲劇を演じます。自分自身が悲劇の主人公として、同じ悲劇のパターンを、相手が変わりながらも演じさせられているかもしれないのです。

しかしながら、そこで気をつけたいのは、この言葉は孤立する本人に対する痛烈で心ない皮肉にもなりえます。さらに、劇的観点を描き出している私自身も、演技的な生き方を前提とするところを問題視されて、不誠実な人生観だと非難されることもあります。

だから、本書はその見方を押し付けるものではありません。また、ご本人に主体的にそのことを知ってもらうためには、第5章で書いたように、私たちの側にそれを演じさせている「心の台本」

のあることを知らねばなりません。それに、自分の「心の台本」について知り、それを読むということを、自分一人の力で行うのはとても困難です。大抵、相手がいないと読むことはできません。その相手は、大切な友人や親、きょうだいなどであってもいいのですが、彼らもまた登場人物の一人ですから、それが極めて難しいのです。そして、この本も、「心の台本」を読むことの少しでも助けになることも一つの役割と考えていますが、やはり一人では自分は見えないのですから難しいことがあるでしょう。

「心の台本」を読むための適切な役割を果たしてくれる相手が得られない場合、心の専門家に相談してもよいでしょう。しかし、私のような精神分析的な治療者は、人の「心の台本」を扱う専門家なのですが、これがまた難しい仕事なのです。

ただし、人生を劇にたとえて、「心の台本」を読む場合、私たちの文化のおもしろい特徴に気づかされます。私たちには「私小説」という分野の小説が多くあって愛されてきました。私小説というのは、作者自身と小説の主人公とがほぼ一体化しており、作者自身の経験を作品に描く小説をいいます。私小説という分野ができる近代以前から、日本では旅の記録や日記を文学として表現する文化があり、作者自身を主人公とする作品が多く残されています。自分自身を作品の主人公としてとらえる見方になじんでいるので、自分の人生を劇にたとえることに違和感は覚えないでしょう。

1930年代に発表されベストセラーとなった『人生劇場』(尾崎士郎)というタイトルの小説もありますし、「君は自分という人生の主人公なんだ」という言い方も一般的になされます。

劇作家で評論家でもあった山崎正和先生は著書『劇的なる日本人』（新潮社）の中で、舞台の上の経験と浮世という感覚を重ねて論じています。「浮世」というのは、仏教用語の「憂き世」、すなわち憂《うれ》うべきつらい現実世界という意味と、浮いたり沈んだり、はかない現実世界という意味の両方があります。山崎先生の意味するところは、現実ははかないものとして、舞台の上で演じるような感覚を私たちが歴史的に持っていたというものです。

私が治療してきた患者さんにも、社会復帰の際に「自分にとっては、これから再び劇場みたいな世界に出ていくようなものなんだ」という言い方をする人もいました。室町時代の能楽師である世阿弥《ぜあみ》の『風姿花伝《ふうしかでん》』などの芸論が、すぐれた人生論として読まれてきたのは、人生を劇、舞台と重ね合わせる考え方に私たちがなじんでいることの表れなのでしょう。また、芸論を生かして精神分析を語る前田重治《まえだしげはる》先生の論考は、そのことを例証するものでした。

つまり、舞台の上に私たち皆が出演し、相手を変えながら、同じような台本をくり返しているわけです。この「心の台本」を読み取ることが、自分の人生の展開を知る機会になります。

劇的観点の獲得

演劇というものを考えた場合、そこには舞台と楽屋があります。さらに、舞台の袖《そで》と呼ばれる、舞台と楽屋の間に位置する場所もあります。こうした構造で劇場は成り立っています。しかし、人生にもこうした構造があるのですが、そのことに気づこうとしない人がいます。

演劇に表の舞台と裏の楽屋があるように、人にも表と裏があって、表からは見えないけれど、楽屋裏では仲間でつるんでいることもよくあります。そうしたことを知らされて、ショックを受ける人もいます。要するに、表の世界だけがすべてと信じている人がいるのです。こういう人は、現実の世界で生きていく際に、幻滅や裏切りで苦しい思いをすることになるでしょう。

人生という劇場においても、人には表の舞台から降りて、観客の目にさらされずに一息つけることのできる楽屋が必要です。楽屋があるからこそ、舞台の上に出て演じることができる。そして、表舞台だけからは想像ができないことが、裏のサークルで進行していたりもします。衣装を変えたり、メイクをほどこしたり、落としたり。こうしたことが想像できない人は、一人ぼっちになってしまいます。劇の構造に参加できず、人間関係で迷子になってしまいます。

舞台には暗くて危険な奈落《ならく》という場所もあります。舞台の下にある仕掛けの部分や歌舞伎などの花道の下の部分を指します。もともとは仏教用語で地獄を意味しています。劇の構造を知らない人は、まさに奈落の底に落ちてしまう危険があるわけです。現実の人間世界や自身の人生を理解するうえで、そして危険な目に遭わないためにも、劇にたとえる**劇的観点**を得ておくことはとても大切なのです。

この劇的観点を持ち、そのための芸論を自分で習熟できないなら、自分がどうふるまえばよいのか、裏と表をどう使い分ければよいのかわからなくなってしまいます。本当は、皆それぞれに異類の部分を持っていて、それを裏に隠して人間の劇に参加している。なのに、自分だけが異類で世の中から浮いてしまっていると感じて、悩んでしまう。

人間には裏があることを知ったとき、最初の裏切られたときの体験や、自分だけが異類視されて排除されたときの体験などを思い出すこともあるでしょう。それは古い傷跡が疼《うず》く、あるいは昔の傷口を開くようなことで、とても辛いことです。

でも、あらためて人間の二重構造を知ることで、自分だけが異類ではないんだと気づけることにもなります。さらに、自分たちの裏も表も知ることで「心の台本」を改訂して、これからの人生を少しは生きやすくすることにつながるのです。

「横のつながり」がつくる「愛」の輪

人間の裏と表の構造に気づくことができたら、自分だけが異類なのではなく、人は誰も異類の部分をもっている点では同じであることを知ることができる。そうしたら、私はここにいてもいいんだと思えるかもしれない。そして、どうして排除されるのか、みんなのつくる輪に対してどう対処すればいいのかと、考えることができます。

もちろん、それは無理に同調圧力に合わせるということではありません。人生を劇の比喩で眺めてみるということで、人生との距離のとり方なども変わってくると思います。張り巡らされる「つながり」のネットワーク構造を見ぬくことで、周囲の言っていることに、ただ振り回されるということもなくなるかもしれません。

「和の心」ということが、私たちの文化では、古くから誇り高いものとしていわれています。ここでそのことを可視化し、実際の「わ（和、輪）」の発生するところを確認してみましょう。四枚の絵（**図7-1、2、3、4**）を掲げますが、うち三枚（**図7-1、3、4**）は江戸と明治時代の浮世絵であり、もう一枚（**図7-2**）は日本画家である上村松園《うえむらしょうえん》の母子像です。これらに共通する特徴は、描かれている人物たちが横並びで同じ対象を眺めていることです。つまり、人同士が見つめ合うのではなく、肩を並べて、あるいは手をつないで、そして横並びで、同じ対象を眺めているという具合です。

図7-1　楊洲周延「幼稚苑 鯉とと」（公文教育研究会所蔵）

私がかつてつくった歌に「あの素晴しい愛をもう一度」というものがあります。そこに「あのとき同じ花を見て美しいと言った二人の心と心」という歌詞が出てきますが、ここに同じ対象を眺める二人の「心と心」を通わせていた「愛」が歌いあげられていたのです。

まずは母子の間で、このように同じ対象を眺め、それを美しいものやおもしろいものとして心を通わせる形で「横のつながり」が確立されてゆくのです。彼女が右にいて、いつも乳児を左側に抱くのは、胎内にいたときからずっと乳児は母の心臓の近くでその心音を聞いているからだと、深層心理学ではいわれています。

図7-2　上村松園「夏の宵」

ただし、右手が指差しや外的対象を指し示すために使われるという実用性も重要です。

そして成長に伴い、このような「血のつながり」を継承する「つながり」がたくさんつながって、内輪同士の「輪」を形成してゆくのです。それが理想化されて、安心・安全・安寧が伴うものなら「日本人の和」という、理想として求められる美意識にまで高められます。まるで冗談みたいな語源説を踏まえるなら、「わたし」という日本語には、一人ひとりの「わ」を「足し」て「輪」となるようにという、強固な様式美を備えた「和」のメッセージが込められているのです。

図7-3の家族画では、右の位置に父親像が立ちますが、このような家族のあり方に注目して、この背後にあるはずの臨床的な心理を見てみましょう。ここに描かれている「横のつながり」の様式で意識しておきたいのは、「ここにつながれない」という不安や排除の恐怖です。また、図7-4の月見を行う少年たちの絵にも注目してください。少年たちが、母の位置にいる二人の（おそらく）年長者の下で、手でつながって「輪」を形成していることが観察できます。心理学で「共同注意

（ジョイント・アテンション）」と呼ばれるのですが、同じ対象物への注意を共有することで「つながり」が形成されるということは、参加者相互で「輪」にしがみついているということでもあり、同時に母子関係を引き継いでいて、そこから外れてしまう分離への強烈な不安も生み出すことがわかります。

こうした集団の構造化、あるいは「輪」のフォーメーションが、皆が同じ方向に向かう「右向け右」という空気を生むことになり、「赤信号みんなで渡れば怖くない」という基盤を育むことになっているのだとも考えます。そして、「そんなことする子は生んだ覚えがない」という母の言葉が、今度は「そんなことをする奴は仲間ではない」となって聞こえてくることも理解できるでしょう。

図 7-3　歌川国芳「木曽街道六十九次之内 三十一 塩尻 高木虎之介」

ここに描出された「横のつながり」や「裏のつながり」を生み出すところは、世界の他の国々の家族画や聖母子像などにはあまり見られないものです。多くの場合は、人物が見つめ合っていたり、まったく別々の方向を見ていたりというものです。同じ対象を見つめて横に並ぶという構図がくり返し描かれ、様式として定着させているのは、私たちの特徴といえます。こうして、「和の心」や「横のつながり」という、

図 7-4　石川豊雅「風流十二月　八月」(公文教育研究会所蔵)

ここに無意識ながらも安心して生きるために私たちが高く評価してきた心性の発生論と、不安の深層心理が示唆できたと考えます。

この文化に合わないなら

母子関係の「横のつながり」から発達するこのような「裏のつながり」の連続性やその強固であることを見るなら、仲良しグループの和に外部から参加することが難しいことがとてもよくわかるでしょう。地方から、あるいは中央からの転校生たちは、この困難をよく知っています。この文化に参加するために苦労を体験し、それをこなしていけるようになることも大事ですが、同時にこの構造を理解することも必要です。

こうした構造に合わないなら、今度は自分なりの輪(サークル)をどう見つけるのか、どうつくっていくのかという考えにも発展します。月見が楽しくないこともあるし、自分に合わない温泉に無理に入る必要はありません。きっと自分が楽しめる文化やくつろげる居場所があるはずです。あるいは、自分だけのための作品などを創作して、まずは自分の場所をつくることだってあっていいかもしれない。そういうモノづくりや基地づくりが誰かと共有してもらえるかどうかは不明なのですが、やる価値は高いでしょう。

文化は英語で「カルチャー(culture)」ですが、「土を耕す」というのがもともとの語源的な意味です。人の心を耕し、培養して豊かに育てていく。それが文化の役割です。だから、文化はけっして受け身的に利用するだけのものではありません。その中に身を置くことで、自分を育てることのできる装置なのです。

自分における様々な側面や、自分とは違う複数の異類を認めて収容できる文化を見つける、さらには、そこで異類たちと自分の文化をつくっていく。このための遊びや創造性が、多様な人生における「心の楽屋」といえる場所で生まれる目標や課題にもなります。

「やっぱり」と「むなしい」

すでに触れたように「心の台本」を見返したとき、つらい体験を思い出すこともあるでしょう。さらに、自らの「心の台本」によってくり返されてきた悲劇のパターンを読み直すことで、むしろ、自分ばかりが排除されてきたのではないか、と逆に反復する筋書きの悲劇性を強めてしまう場合もあります。

振り返ってみたら、やっぱり自分はいつも悪口ばかり言われてきた。やっぱり自分は排除されてばかりだった。何度も裏切られているのだから、やっぱり同じことのくり返しではないのか。やっぱり、私は一人なんだ。

「やっぱり」というのは、同じ悲劇をくり返してしまうことにつながる、一つのキーワードです。「やっぱり」とつぶやいたとき、孤独な悲劇のくり返しが、そこで前提となってしまいます。演劇は同じ演目であっても、一つとして同じものはありません。人生における劇場は映画でもビデオでもなく、ライブハウスなのです。パフォーマンスがウケる日もあればウケない日もある。同じようなストーリーでも、喜劇になったり悲劇になったり。それを同じことのくり返しだと見ることで、「やっぱり」の定番悲劇が自分の中で念押しされてしまうのです。

現実は、同じ役割や物語が多くの人たちによって代わる代わる演じられたりもしているのです。いじめも、誰かがいじめられる前は、別の誰かが同じようにいじめられていたりします。だから、裏切られるのも、いじめられるのも、自分だけではけっしてありません。同じことを反復させる定番悲劇というものが存在し、古今東西、誰もが似たような悲劇をくり返すのです。

「やっぱり」には、「しかたがない」「どうしようもない」「救いがない」「やむをえない」という「あきらめ」の感情がさらに追い討ちをかけて、私たちをむなしくさせ、無力化します。おそらく、「見るなの禁止」を課したつうは、与ひょうの裏切りを予測していたようです。私の理解では、あの傷ついて去っていったつうは、話の冒頭で助けられるので、あの話は最初に戻って同じことをくり返すという仕掛けになっています。

やっぱり裏切られた。『夕鶴』で去っていくつうはそういう気持ちだったのでしょう。くり返しますが、人は誰も裏では動物的であり、異類なのです。ただ、もしかしたら、自分が異類視され、排除されることが、人よりも多かったかもしれません。しかし、自分だけが排除されてきたわけではは、けっしてありません。そして誰もが排除する側にも、排除される側にもなるのです。だから、定番悲劇を参考にして個々の「悲劇の台本」を読み返し、書き直すことをあきらめないでおきたいものですが、不毛の反復は**「むなしい」**ものです。ため息をつくくらいのむなしさは普通なのであり、それを味わいながらも、時間と場を得て、読み取らなければ、書き直すことはできないのです。

過去の物語は取り返しがつかない

「心の台本」を読み返す際に、もう一つ重要なことを述べてきます。それは、過去に起きた出来事をやり直すことはできないということです。自分の過去を振り返ったとき、つらい物語が浮かび上がってくるかもしれません。しかし、すでに終わってしまった過去の物語を再び違う筋書きで演じ直すことはできません。ついさっきのことですらすぐに過去になってしまい、その歴史はすでに終わっているので、その歴史を別の形でやり直すことはできないのです。

ですが、かつての経験をどのように物語るかは、いまからでも変えられそうです。過去にあった出来事をどのようにとらえ直すか、どのような言葉で受け止めて、心の中に整理するか。物語の紡ぎ直しは、現在の私たちだからこそできるのです。なぜ自分自身はあそこであいうふうに行動してしまったのか。なぜ、みんなから浮いてしまったのか。その時々の行動自体を否定するのではなく、時間を置くことで、そして適切な場や相手を得てそれをとらえ直すことができます。

そのことによって、この先、悲劇としての反復上演が予定されていた「心の台本」ですら書き直すことができるかもしれないのです。悲劇を喜劇に変えることだってできるかもしれない。でも、それは、簡単なマニュアルに従ってすぐに書き直せるものではありません。

「心の台本」に気づいて、書き直したつもりでも、無意識に、何度も悲劇の展開へと引っ張られることもあるでしょう。何度も自分で経験しながら、相手役を得て読み取りと書き直しをくり返していくしかありません。コーチとともに何度も稽古場で実際に演じてみなければ、簡単には物語を変えることは難しいのです。

でも、劇的観点を持って、裏の構造や筋書きを知ることで、これから経験するかもしれない裏切りは、過去の何も知らなかったときに体験した裏切りとは、けっして同じにはならないでしょう。なぜ、自分はいまこういう目に遭っているのか、どうすればいいのかと考えることができるようになるはずです。

あのとき、起きてしまったことを取り返すことはできない。そして、相手は「巨大な悪魔」、あるいは「魔女」。そう思い知ることは、つらいことかもしれません。しかし、それをどう思い出すか、どのような言葉で拾うかを、いま考えてみる。そのことが、今後の人生を少しましな方向に育んでいけるのです。それができるのは、少しでも時間の経った、いまだからなのです。

2　悲劇としての「心の台本」を読み直してみる

「被害者」という役割

人生を劇としてとらえた場合、私たちがくり返してきた悲劇的な展開とはどういうものだったのか。悲劇的な「心の台本」を読み直してみたいと思います。

自分自身の悲劇の「心の台本」を読んでみると、確かにそれに巻き込まれているとわかることがあります。見えない「狂言回し」の圧力に負けて自分がみんなから浮いてしまい、排除されるという悲劇の主人公として物語を演じていたことがわかることがあります。ここで「狂言回し」というのは、物語を意味付けして話を進めてゆく進行役のことです。また、自分が異類視され、重要な第二者であった〈あなた〉が裏切って〈みんな〉というものに包摂されてしまい、自分だけが取り残されてしまったという筋書きにも気づくでしょう。さらには、こうした悲劇的な展開がくり返されてきたことがわかることもあります。くり返される物語で、自分が「被害者」という役割を演じさせられていたことも思い知ることがあります。

第二者の裏切りを知り、幻滅を覚えることが悲劇の起点にあることを、前章で指摘しました。異類婚姻説話などでも同じです。『夕鶴』でも、与ひょうは、つうが鶴であるという裏を知り、幻滅を覚える。一方、つうは、与ひょうが運ずと惣どと裏でつるんでいて、自分との約束を裏切ったことに幻滅を覚える。前章で触れた阿闍世の物語でも、母親が自分を裏切って父親と通じていたことを阿闍世が知り、幻滅を覚えます。

裏と表という人の二重性を知り、裏切りを思い知るわけですが、いまや人間に二重性があることは当然のことなのです。私たちは社会的な生活を営んでいますが、人はそもそも半分は動物的なのです。社会的な行動だけではなく、寝食など生理的な基盤があって、はじめて生きていけるのです。くり返しますが、人間的な側面と未熟な動物としての側面という二重性が、人間にはあります。

あるいは、自分が赤ん坊だったときのことを考えてみてください。赤ん坊はかわいいし、神様から授かった宝物だと親は思う。しかし、そうした表のきれいな部分だけでは、赤ん坊を育てることはできません。夜中に泣きわめくし、ほうっておくわけにはいかないし、オムツを変えるなど、汚い裏の部分に対応することなどを経て、はじめて子育てが成り立つわけです。

このように育児もまたきれいごとではすまないし、何事も二重性があることが大前提です。

そそのかして悲劇へ追い込む登場人物

幻滅をともなう裏の露呈は、原初的には親によってなされることを前章で見ました。そして、裏の発見へと導く第二者の役割が重要であることを指摘しました。

過去の「心の台本」を読み直してみると、裏の発見へと導く重要な橋渡しがうまく果たされていなかったり、あるいは、取り巻きによってかき乱されてしまったりという出来事があったことに気づくかもしれません。

『夕鶴』でいえば、与ひょうは、鶴であるつうと人間社会とを結ぶことのできる重要なキーパーソンでもあったのですが、その役割をうまく果たすことはできませんでした。そして、与ひょうをそうさせてしまったのは、運ずと惣どの存在です。「あいつは鶴かもしれない」と噂し、「反物を織らせて、もっと金を稼げるはずだ」と与ひょうをそそのかし、煽る役として描かれています。実は彼らこそが悲劇の「狂言回し」だったのです。

また、シェイクスピアの悲劇作品『オセロ』では、軍人である主人公のオセロに対して、オセロを嫌っている旗手のイアーゴが、オセロを貶《おとし》めるために、オセロにいろいろな嘘をささやき、そそのかします。オセロの強く愛している妻デズデモーナがイアーゴの同輩と密通して、オセロをだましているなど。オセロは、それを信じて激しい嫉妬にかられ、妻デズデモーナを殺してしまいます。

実際の人生においても、こうしたそそのかす役割を果たす「狂言回し」がいます。陰口をたたき、噂を広め、そして相手をそそのかし、物語をひっかきまわそうとする存在です。つまり、裏話の拡声器ですね。

人間に表と裏があり、二重性を持っているのは当たり前のことなのに、そのことをあなたに知らせる際に、裏の醜さ、汚さをことさら強調して、そそのかして、単純な物語をかき乱し、悲劇の物語へと引っ張っていくような役割を果たしていた悪意の人が、自分の過去の「心の台本」にも登場していたかもしれません。

最初の登場人物は、自分と母親の二人、あるいは、自分と大切な友人との二人だったけれど、やがてそれが三人、四人と増えていく。二者関係が三者関係、四者関係へと大きくなっていく。そのときの登場人物がどのような存在だったのか、どんな役割を果たしていたのかで、物語の展開も大きく左右されることになります。

『夕鶴』では、与ひょうが、運ずと惣どにもっと金をもうけられるとそそのかされ、つうにさらに反物を織ってくれと頼む。お金の持つ価値観をわからず、与ひょうとの幸せな「二人だけの世界」に価値を置くつうは、「反物を織れ」と要求する与ひょうに深く傷つきます。つうは「あんたのいうことがなんにも分からない。さっきの人たち〔運ずと惣ど〕とおんなじだわ。〔中略〕あたしに分からない世界の言葉を話し出した……」と言い悲しみます。

与ひょうがつうに寄せる愛情が表だとすると、金に目がくらんだ与ひょうの気持ちは、つうにとっては突然、裏を見せつけられたことになります。しかも、金の価値を理解できないつうは、金に大きな価値を置く与ひょうや運ず、惣どといった人間の言葉を理解できません。運ずと惣どが、与ひょうをそそのかし、金という汚い裏を突然、つうは見せつけられたわけです。

本当であれば、人間にとってはお金も大事であるということを、うまくつうに知らせることのできる橋渡し役を与ひょうは果たすべきだったのかもしれません。そうすれば、つうの悲劇の展開も変わったでしょう。つうが去っていかずに、与ひょうと暮らしていくためには、お金も大事とする人間の言葉を、徐々に時間をかけて学ぶ必要もあったでしょう。

しかし、裏の醜さをささやき、そそのかし、あるいは嘘をついたりという登場人物がいることによって、急激な幻滅の物語へと追い込まれてしまうのです。

映画などから幻滅を学ぶ

「心の台本」について私たちが学べるのは、日本の芸論や物語だけではありません。外国映画などを観ていても、お金や名声が絡んで裏切られ、主人公が悲劇へと転落していく話がたくさんあります。特に、ロックスターなどが、過去のトラウマや金に絡んだ裏切りなどが原因で、ドラッグにはまったり、やがては死を遂げたりという話は、実際の出来事としても多いです。レディー・ガガが主役を演じた『アリー／スター誕生』(アメリカ、２０１８年)などでも、そうした物語を見ることができます(177ページも参照)。

こうしたストーリー展開がくり返し映画などにされ、関心を呼ぶのは、主人公の悲劇的人生に学ぶことが大きいからなのでしょう。そして、多くの人の人生にも、どこか思い当たるところがあるからだと思います。このような映画などからも、人生の辛苦を客観的に見つめる視点を養い、幻滅に耐えて「心の台本」を読む力を身につけることができます。

もう一つ、参考になる映画を紹介しておきましょう。『ガス燈』(アメリカ、１９４４年)という古い映画があります。日本語のタイトルは「ガス燈」ですが、原題は「ガズライト(Gaslight)」といいます。「ガス燈」というのはガスを燃やしてつける照明のことです。かつて電気ではなく、ガスによる明かりが街路灯や室内灯として使われていた時代がありました。この映画では、そのガス燈が物語展開の鍵として象徴的に使われています。

これは、ロンドンで暮らす夫婦を主人公とした物語です。妻は夫から「物忘れがひどく、盗み癖もひどい」と指摘され、自分がおかしくなっているのだと思い込み、やがて精神的にも病んでいってしまいます。実は、夫が妻にそのように吹き込むことで精神的に追い込んでいたというのが、物語の重要なポイントとなっています。

この映画や、映画のもとになった演劇から、深層心理学で「ガスライティング」という用語が生まれています。「ガスライティング」は「火をつける」という意味です。深層心理学では、心理的虐待の一種で、些細な嫌がらせや間違った情報によって、相手に自分自身の記憶や知覚などを疑わせて、精神的に追いつめることを指します。

映画の中で夫は、妻が悪事を働いており、そのせいでまずいことが起きているなど、妻本人には身に覚えのないことを、妻自身に言い聞かせ、発狂に近いところまで追い込みます。

ここでも、妻の知らない、身に覚えのない裏の醜さをささやき、煽る役割として悪意の夫が登場しています。こうした登場人物によるそそのかしで、主人公(妻)が、本来の世界を把握することができなくなり、狂気に陥ってしまうという悲劇が展開されていくことが思い知らされます。

このように映画でも、「悲劇の主人公」に破局的台本を押し付ける取り巻きや構造が存在するのです。そういう物語に学びながら、自身の「心の台本」を読み返してみると、悲劇のくり返されるパターン、そしてくり返し登場する役割の存在などを把握できるようになる可能性があります。

また、ここで見てきたように、説話、あるいは映画や小説などの作品について、別のあらすじを自分で考えてみるのも、よい訓練になります。あのとき、あの登場人物がこうしていたら、結果は違ったものになっていたのではないか。主人公が悲劇に陥らないために、どの場面で、誰がどうすべきだったのか。そうしたことを考えてみることも、自分の「心の台本」を読み、語り直すための練習になるかもしれません。

3　人には「心の楽屋」が必要

楽屋の発見

ここまで見てきたように、世界を理解するときに、劇の比喩で眺めてみることは、世界を把握するための重要なきっかけになります。私自身がミュージシャンとしてのコンサートや、精神科医や研究者の立場での講演など、人よりも舞台に立つ経験が多かったので、劇を比喩にしやすいし、また、それが有効であることに気づいています。

しかしながら、私のように、経験を劇的観点から多くこなしている人間は、むしろ珍しいでしょう。舞台に立って多くの観衆の前で演じるという経験は、一般的なものではありません。もっとも、一般人でも人前やカメラの前に出演する機会は今日では珍しくないのですが、楽屋の発見の機会そのものがないことを、私の経験なども交えて、お話ししておきましょう。

私が初めて学会に参加したときのことです。学会というのは、研究者たちが自身の研究について発表し合い、それをもとに議論を行うものです。学会は、開催される地域にあるホールなどで行われることが多いです。ホールは学会のようなものにも使われますし、コンサートや芝居などにも使われます。大学の入学式、卒業式などで使われることもあります。

私が初めて参加した学会の会場は、その前日には、コンサート会場として使用されており、実は、私はミュージシャンとしてそこに参加していたのです。昨日はミュージシャンとして、今日は学者として、同じ舞台に上がるという珍しい経験をしました。

そのときに、同じ場所でありながら、昨日と今日とで決定的な違いがありました。学会では、観客席に研究者が座っていて、自分が登壇して発表を行う際、その観客席から舞台に上がっていきます。一方、コンサートで使用される場合には、楽屋があり、出番になるとそこから舞台に登場します。このとき、私は楽屋というものの存在について、改めて気づかされました。ミュージシャンであった私にとっては、舞台に出演する際に、楽屋というのは、ある意味、あって当然のものなのですが、一般の人にとってはそうではないんだということも知りました。

「心の楽屋」を見つける

人生を劇として考えた場合、それを劇として成立させるには、実人生においても楽屋が必要なのです。演じ、観客から見られている舞台から降りて、一人でホッと一息つける場所。人の眼を気にせずに素顔になれる場所。そうした「心の楽屋」が、現実の世の中においても必要なのです。

人には皆、表と裏があることを見てきました。楽屋は、この裏の部分にあたるわけですが、表と裏の存在について把握できない人は、自身の「心の楽屋」をつくり、使いこなすことがうまくできません。「心の楽屋」に逃げてもいいし、隠れてもいいのに、それがうまくできない。常に表裏がなく、表に出ているのが正しく、裏に逃げたり、隠れたりするのは良くないことで、卑怯なことだと思い込まされている人もいます。

実は、森の中や、ビーチ、川のほとりといった大自然も含めて、「心の楽屋」を多くの人が持っていて、その存在を意識できるなら、それを活用するという発想が生まれます。そして、人にとっての裏を預かる「心の楽屋」をうまく使いこなすことが、自分の人生を豊かにしていくうえで、とても大切なのです。

一方で、私たちの社会は裏というものをどんどん失いつつあります。かつての薄暗い裏通りは、安全性を確保するために浄化されて、夜でも明るい街燈が照らされたりしています。特に目的のなかった空き地なども商業利用のために失われています。そして町中には監視カメラがあります。私たちが隠れたり、ボーッとしたりすることのできる場所などが、どんどん失われています。目的のない曖昧な部分は、無駄なものとして切り捨てられているのです。裏がなくなり、表ばかりになっています。

こうした街中の変化は、裏を見失いやすい人びとに表ばかりを意識させることになっているのかもしれません。あるいは、表ばかりを重視する人びとの気持ちが、こうした街中の変化をもたらしているともいえます。

しかし、人は表だけでは生き抜くことはできないのです。私たち精神分析を学ぶ者や実践する者、あるいはその観点から考える対人援助職の仕事は、人びとに「心の楽屋裏」の大切さを知らせ、それを用意しようと提案するものでもあります。あるいは、「心の楽屋裏」を持てる機会そのものを提供することです。

自分自身の人生を振り返ってみた場合、体育祭や文化祭、あるいは何かの発表会など、本番の前にくり返し練習をしてきたと思います。ともすると、当日の本番のことだけが思い出に残り、練習した経験については忘れられていることもあります。しかし、練習があってこそ、本番があるわけです。練習では失敗してもよいし、それをくり返すことで、本番の成果が上げられるのです。いきなり本番では、すべてが苦しくなり逃げ出したくなるでしょう。

失敗もできる、来し方を考え直し、一息つくこともできる、そんな裏の楽屋の存在は、人にとっても、また人が生きる社会にとっても必要なことなのです。私なんか、音楽活動では本番よりも練習のほうが楽しいとずっと思っています。

「心の楽屋」を持てない人たち

神経が繊細な周辺過敏者、あるいは、あちこちの顔色ばかりをうかがっている八方美人などの人たちというのは、「心の楽屋」を持つことや、あるいは活用することができていない場合が多いのです。自分を取り囲む周りの言っていることを情報源として、それに右往左往して振り回されてしまっているのです。世界はすべて舞台の上だけで成り立っていると思い込み、重要な情報が舞台ではなく、舞台前のリハーサルや楽屋などで得られると考えられなくなっているのです。自分が守られないまま剝《む》き出しで舞台に上げられながら、裏に引っ込む機会を喪失してしまっているのです。

だから、舞台に役者がそろって、自分がそこに引っ張り上げられ、スポットライトが当てられると、引っ込みがつかなくなってしまう。自分がいないと舞台が回らなくなってしまうと思い込んでしまう。演者として出演者や観客にはやしたてられ、彼らののぞむような役割を演じてしまう。飲み会などで、若者が周囲から「一気、一気」とあおられて、酒を一気飲みして倒れてしまうようなイメージです。

もし、楽屋の存在を知っていれば、そして、この舞台は自分の意思で降りて、楽屋に撤退してもいいんだということを知っていれば、一時的に楽屋に戻り、態勢を整えて、また舞台に上がり直すこともできるでしょう。しかし、そもそも楽屋の存在を発見できていなければ、退路はあらかじめ絶たれてしまっているのです。

人が岐路に立ったとき、先述したような悪い方向へと向かわせるささやきを行う悪魔のような登場人物もいます。しかし、それに心をまどわされるのではなく、「心の楽屋」のことを思い出していただきたいと考えます。

劇的な観点を持って世界を見る

世の中は、椅子《いす》取りゲームに似ているところがあります。限られた椅子をめぐっての競争が、いろんな場面でくり広げられます。信頼を置いていた友人などとの二者関係に、別の人が入り込み、三者関係となった途端に、どちらが二者関係を維持できるかといった競争も起きます。信頼していたはずの友人が、いつの間にか、自分のライバルになっていたということも起こります。

すでに述べたように、重要な第二者の〈あなた〉を見失うことで、人は迷子となり、途方に暮れることになります。

そんなときにも、劇としての視点を取り入れて、自分を取り囲む登場人物がどんな役割を果たしているのか、自分がどんな役割を演じさせられているのか、考えてみることも必要です。そうしたことを行えるのも、舞台から降りて、進行している劇との距離をとることのできる「心の楽屋」においてなのです。そのように考えてみることで、たとえ途方に暮れたとしても、傷つきや苦しみはだいぶ軽減されると思います。舞台から降りて楽屋で息を潜めていれば、自分のせいで、自分さえいなくなってしまえば、という思いは消えていくかもしれません。

劇の比喩で世界を眺めるということは、自分の「心の台本」を知り、人生物語（ライフストーリー）を書き直すきっかけなのです。

第8章

心の構え方
――自己を構造化する

前章で示したように、人生を劇としてとらえ、自分の「心の台本」を読み、紡ぎ直していくことが私の提案なのだと書きました。人間には誰でも表と裏があり、生きていくうえでも表の舞台だけでなく、避難する裏としての「心の楽屋」の必要性についても説きました。

こうした人間や人生の構造を劇的観点から理解できたうえで、次の対策へと進んでいきたいと思います。人間に表と裏があることを前提として、では、私たち自身はどうすべきかという「心構え」を考えてみましょう。人に裏があることを知り、裏切られ、傷ついて去っていくのではない。あるいは、自分を押し殺しながら〈みんな〉に合わせて、みんなの同調圧力に単に合わせていくのでもない。私たちを育んでくれた、この文化も生かして、自分というものを抱え持ち、自分らしく生きるためにできることは何かを考えます。

ここで重要なのが、難しい言い方になりますが、**自己の構造化**というものです。「構造化」というのは、自己の全体と内的構造を確実にするために、それがどのような部分によって成り立っているのかを調べて、改めて立て直してみることです。外的には、集団において自分はどういう筋書きの中で生かされ、どういう役割を引き受けているのかを知るということです。そして自分を見渡し、見つめ直して、自分全体の内側を構成する要素(部分あるいはパーツ)を知り、その運用としての考え方や生き方を修正し改訂してゆくことでしょう。

自己が構造化されていない状態とは、自分というものの中身を自覚し、その部分部分(パーツ)がうまく運用されていない状態です。まず、自分と他者との距離がうまくとれておらず、他者と一体化してしまっていたり、過度に他者に依存していたりする状態です。それでは周囲や状況に振り回されてしまいます。

構造化の第一歩として、自己の裏表、あるいは外部と内部という二重構造がある程度できていないと、中身を保てず自分がまとまらないので、相手にも裏があるという二重構造に対処できません。他者と融合する依存状態のままで相手に裏切られると、途端に、他者に飲み込まれて、自分を失ってしまいます。

裏切りという悲劇が発生した際は、自分らしい構造がしっかりとあるかないかが大きく問われることでしょう。そのためこの章では、私たちの自己の私たちらしい構造化について考えていきます。

1 「自分がない」から「私がいる」へ

「自分がある」と「私がいる」

すでに見たように、私たちの人生は、第二者である母親と一体化している二者関係の状態から出発します。この二者関係にきょうだいや父親まで参加するのなら、「同じ穴」にいて同類の動物のように溶け合うような状態もあるという言い方をしました。しかも、私たちの多くがこの発達初期においては、「密」な一体関係を長く続けている可能性を指摘しました。そこでは母親的存在によって守られ依存し、自他未分化な世界として経験されます。

この時期には、第二者と「きずな」を形成している状態なので、自分というものが他者から分化できていません。いわば、「自分がない」状態です。これも土居先生が注目した表現ですが、人の意見などにばかり左右され、自分の意思がしっかりしていないような人に対して、「あの人は自分がない」などと使われたりします。これは、二者関係が濃厚で長いことが関係している場合が多いと思います。ゆえに、自分があるか、ないかは、大人にとっても大きな問題なのです。

そして、母子一体の自他未分化状態は、甘美かもしれないのですが、成長するに従い狭くて息苦しいものとなります。たとえ相互依存や「お互い様」を重視する文化の中であっても、私たちの課題は「自分の人生」を生きることですから、初期のころの「自分がない」状態から、「自分がある」状態にもってゆきたいと思われることでしょう。しかし、自分らしい自己というものを持っている人は「自分がある」などという言い方はしません。なので、「自分がある」という状態は、逆説的ですが、「自分がある」といわなくてよい状態のことを指します。そして私は、「ある」という断定的な言い方よりも、もっと自然な「いる」という表現が実態に合っていると感じます。

「自分」という言葉は、「自ら」の「分」と分けられます。「分」というのは、個々に分け与えられた部分、分け前のことを指します。なので、「自分」というのは、自分を取り囲む集団や社会において、自分がいるべき居場所や環境にかなり依存しています。そこで確立されるものを、英語では「アイデンティティ(identity)」といい、同一性などと訳されます。ただし、自分は居場所に依存しているので、それほど確固としているものではなく、「ある」よりも控え目に「いる」なのです。

さらに、自分がいるということは、自分がしたいこと、他人が自分に対して期待していること、そして自分がそれをどうするかが、すべてなるべくバランスよく総合されている自己状態を指します。「統合」は一つになることを指しますが、ここでは自我によって各部分が束ねられて柔らかく機能している総体を意味したいので「総合」を使います。その総合する機能が「私」による「わたし(渡し)」であり、私はそういう機能を含めて「私がいる」と言うことがあります。そして、総合する機能を発揮しているものを〈私〉と書いて強調しています。

三角関係化と自立に向けて

自分というものがなく、相手と一体化しているような状態は、表(外側)と裏(内側)の区別ができておらず、その間に境がないような状態を指します。自分というものが未分化だといえるでしょう。

そして、全面的に相手に依存していられる状態なら、相手にも表と裏という二重構造があることについての認識がないため、裏切られることに対処できません。いわば、気持ちのよいぬるま湯に浸かっていて、真綿にくるまれているような幼児期の状態です。比較的甘い、融合したかのような時間が多くあるため、身構える必要がないので、心の皮膚も薄くなっているでしょう。

人は、この状態を脱して距離をとることで、個としての自立に向けて成長をしていくわけですが、ぬるま湯の状態に長く置かれたままでは、素顔の面の皮が薄くて、打たれ弱く、傷つきやすい、生半可(中途半端)になってしまいます。

西洋で生まれた精神分析では、早い段階で両親と子どもとが別の部屋で寝ることが習慣になり、父と母が一対の性的カップルとして結びつく場合の三角関係のもたらすインパクトに注目します。そして、子との二者関係を開く三角関係化、そして父性的なものによって絆の切断がなされることを理論化しています。

ただし、父親がいないと母子分離が成し遂げられないとは限りませんし、母子家庭のほうが、両親の喧嘩の絶えない家族よりも関係性は安定している可能性は高いに決まっています。母子家庭であっても、母親が子ども以外の仕事という第三項も愛して、子どもはベビーシッターや保育園を活用しながら育てる。こういうやり方で、シングルマザーも上手に三角関係化に成功している例もあります。父子家庭だってそうでしょう。重要なのは、後でいうように、心の三角関係化が自立を促進するという理論から学ぶことです。

薄皮の心を守るマスクが必要

いずれにせよ、順調に個として自立に向かえる場合、いつまでも心が薄皮ではいられませんから、打たれ強くて、内外の間にある心の皮も厚くなる個人も多いことでしょう。また、そこに発生する空間や距離については、ファンタジーや玩具などの、多くの緩衝材《かんしょうざい》（ショックアブソーバー）で充塡《じゅうてん》することが重要で必要です。テレビや読書で寂しさや孤独をうまく処理できるようになれば、一人でもある程度は平気でいられるような個人となる可能性が高いかもしれません。

心の皮が薄い状態を、精神分析用語で「シンスキン（thin skin）」といった人がいますが、これを私なりに比喩として活用したいと思います。「シン（thin）」は薄いという意味ですが、日本語で「面《つら》の皮が薄い」といいやすいのでわかりやすいですね。ぬるま湯から出たばかりで、皮膚がふやけていて、外の刺激が内部に入り込みやすい状態をイメージしてみてください。たとえば、周辺過敏の人とは、比喩的に「シンスキン」といえそうです。外からの刺激にばかりアンテナが向いていて、常によそ見をして、周辺の情報にばかり気を配っているような状況です。

そうした人たちは、心の皮の透過性が高いために、自分の裏側もすぐに相手に透けて見えてしまうことがあります。「知り合い」に囲まれると、すぐに丸裸になったように感じて、日本人に強いとされた恥意識や、赤面恐怖、視線恐怖、醜貌恐怖がひどくなってしまう人もいます。

したがって、薄皮のままの私たちには、二者関係への依存から脱し、裏と表を区別するために、また自分と他者の間に距離を置いて、自他を区別するために、いわばマスクや仮面が必要なのです。

当然のことながら「マスク文化」が、私たちの文化ではむかしから充実していたのでしょう。

いま、新型コロナウィルスが広がり、外では皆マスクを着けています。ウィルスを体内に取り込まないようにして、身を守るためです。同様に、私たちは相手との心理的な距離をとり、相手からの刺激が直接、自分の内面に大きな打撃を与えないように、マスクを着ける必要があるのです。英語の「マスク(mask)」は口元だけでなく、素顔全体を覆う仮面のことも指します。

他人との距離を保ち、自分の裏を丸裸のまま外にさらされないように、また、他人からの接触が直に自分の心に影響を与えて右往左往しないように、人が個人として生きていくためには外界から距離を置くために仮面や化粧を身に着ける必要があるのです。

特に原初の内輪の一体感を、多かれ少なかれ長く経験した後に、急に社会に出た私たちは、薄皮の心を持った人が少なくないようなので、素顔の心を守るためにも、より厚いマスクを必要とします。ともすると内と外とのけじめを厳しくつけたがり、引っ込み思案で、相手との間に用心深く高い垣根をつくろうとします。しかし、裏では、私たちは仲間や同胞とつるみたいのです。だからこそ、異類と同類の区別に敏感になります。異質と感じられる相手に対しては、裏でつるむことのできない異類とみなし、分厚いマスクを着けて、異類排除をくり返すのだと考えます。

いずれにしろ、こういう分別機能は実に大きな個人差がありますし、あからさまに行われるものではありませんので、語りにくくなっているといえましょう。ただ自覚しておきたいのは、「ぬるま湯」出身では、自他未分化で自分というものがない状態だと感じやすいことです。すなわち、自分というものが、相手次第になってしまうのです。

だから、私たちは、不安になっても、いちいち身構えなくてもいいように、自己をさらに個性的な形で構造化する必要があります。

2　三角関係から自己の本格的構造化が始まる

家族内の三角関係で鍛えられる

精神分析の発達モデルでは、他者との距離と自分をつくるためには、第三者の存在が必要です。父親を含む第三者たちが間に介入することで、一体的な母子の二者関係が開かれて、そこに距離ができます。そして、ここに自己と他者が本格的に分化する機会が訪れるのです。

すでに見た自分、母親、父親という精神分析の三角関係でいえば、普通は、第三者として登場する父親の役割と登場が重要になります。父親的なものの介入により家族的な三角関係に巻き込まれることで、子は自他を本格的に分化させて、立体的な三角関係の中で自分の構えを見つけることになります。第二者や第三者とぶつかったり、その中でもまれたり、胸を借りたりしながら、三角関係の中で自分の心構えを確立していけるのです。そして、この第三者による排除、あるいは切断や放逐は家族の三角関係で起こる可能性が高いので、危機の練習台ともいえます。

父親に限らず、きょうだいや祖父母など、重要となる他者が母子関係のほかに様々にいる場合、「椅子取りゲーム」は思わぬ形で激化しやすいわけです。しかし誰もが完全に排除されない場合は、子どもは家族のそれぞれとの関係性や距離のとり方を学ぶことになり、この点でも確固とした「構え」のある子どもが育つ可能性があるでしょう。もちろんそれが幸せかどうかは別問題ですが。

一方、家族の中でうまく三角関係を経験することができず、二者関係だけに強く留まる場合、子どもは家の外でいきなり第三者の存在にぶつかり、三角関係の中へ放り出されることになります。おそらく、三角関係に鍛えられていない場合、心の状態が薄皮のままではきついことになってしまいます。最近はきょうだいのいない一人っ子も増えています。これに父親不在が重なると、一人っ子は、きょうだいなどとの三角関係をつくる機会が少ない分、三角関係の中で生きることに慣れてないといえるかもしれません。

家族における第二者と第三者の関係は、母親と父親のようにパートナー関係にあることが多いのです。父親ではなく、きょうだいなどでも同様です。家族内の第三者の登場によって、自分と一体だと思っていた母親が実は、自分以外にも愛情を注いでいる対象があることに気づくわけです。つまり通例は、母親という第二者に、裏で第三者と「つるむ」という真実のあることを知るのです。したがって、家族的な三角関係に放り込まれるとき、その複雑さを私たちは醜いと感じ、幻滅を覚え、嫉妬や失望といった感情を経験します。ここが成長における悲劇のスタート地点とすると、ここをどう経験したかが、人生の台本に大きな意味を持ってくるというわけです。

精神科医で精神分析学の創始者といわれるフロイトは、このように三角関係に巻き込まれることを**「エディプス・コンプレックス」**と呼び、人間における神経症の起源としました。

「エディプス・コンプレックス」とは

「エディプス・コンプレックス」というのは、ギリシャ神話「エディプス王」の悲劇をもとに、息子(エディプス/オイディプス)が母親を愛してそのライバルの父親に対して憎しみを抱くという心的なコンプレックス(錯綜した状態)に名を付けたものです。精神分析において重要な概念として使われています。古代ギリシャにおける三大悲劇作者の一人、ソフォクレスの描いた「エディプス王」の悲劇とは、次のようなものです。

父親である王ラーイオスは、子どもをつくるとその子に自分が殺されるとの神託を受けていたので、生まれたばかりのエディプスは捨てられてしまいます。

成長したエディプスはやはり神託で、両親を殺すことになるから故郷に近づかないようにと告げられ、育ての親のもとを離れ旅に出ます。戦車に乗って旅をしているところに、三叉路《さんさろ》で、ある従者が現れて道をあけるようにと言い、従わなかったエディプスの馬を殺してしまいます。怒ったエディプスはその従者と主人を殺します。その主人とは父親である王ラーイオスだったのです。

それを知らないまま冒険の旅を続けるエディプスは、スフィンクスという怪物(図8-1)が謎をかけては人びとを苦しめていたのを見て、その謎を解くとスフィンクスは死んでしまいました。エディプスは褒美《ほうび》としてテバイの王となり、イオカステという女性と結婚しました。

ところがテバイの国では災いが続きます。その原因を神託などで究明し追い詰めていくと、旅の途中で殺した人物が自分の父親であり、結婚した女性は自分の母親であったことを知るのです。母親は自殺し、ショックを受け自ら両目をえぐり目の見えなくなったエディプスは追放されます。

フロイトは、この物語に母親への愛情欲求、父親への敵対という三角関係を見いだします。それは子どもの成長の過程で、意識的、無意識的に体験することだと考えたのです。また、父殺しに加えて、自分の結婚した妻が、実は自分の母親でもあったという近親姦の発見は、人間には表も裏もある、悲劇的存在であるということに、エディプスが直面し、幻滅する経験を表しています。ここに人間の普遍的悲劇の起源があるというのが、フロイトの示した考えです。

避けることのできない悲劇としての三角関係

母親への息子の執着と父親への反抗の悲劇は、もちろん、日本におけるスサノオ神話にもあり、西洋的だとはいえないものです。そして、三角関係の悲劇は家族だけの話ではありません。たとえば、前章で紹介した映画『アリー／スター誕生』などに描かれるミュージシャンの物語を見ると、ここにも三角関係が描かれています。

レディー・ガガが演じた、バーのウェ

図8-1　ギュスターヴ・モロー「オイディプスとスフィンクス」

イトレスであるアリーを歌手として見いだしたカントリー系ロックスターのジャクソンは、皮肉にもアリーが人気を得て自分よりも売れていくなかで、ドラッグとアルコールに溺《おぼ》れていってしまいます。この作品では、ジャクソンとファン、そして彼のファンを魅了していくアリーとの三角関係や、恋愛関係で結ばれたジャクソンとアリー、そしてアリーをスターにするためにジャクソンから引き離そうとするアリーのマネージャーとの三角関係が観察できます。

ミュージシャンが愛する観客との一体感を感じ、充実した活動をしているところへ、ライバルの別のミュージシャンが登場し、観客を奪われてしまう。あるいは、自分の信頼していたマネージャーが金をめぐって自分をだましていたことを知る。そうして、ミュージシャンである主人公が絶望し、裏でドラッグに手を出して溺れていく。それが表面化して、ファンが自分のもとから消えていってしまう。こうしたストーリー展開の音楽映画は少なからずあります。

『アリー／スター誕生』などでは男性が落ちぶれていくことになりますが、女性の場合も同様です。アメリカのカントリーミュージックを扱った映画『カントリー・ストロング』(アメリカ、2010年)では、ミュージシャンである女性主人公ケリーは二人の男性との狭間で苦しむなどして、舞台で大喝采を受けながらも楽屋では自滅してしまいます。私はそういうショービジネスの生死をかけた三角関係の物語に、一般の人びとの人生の比喩があると思うのです。

また、ビートルズの解散にも、ジョン・レノンとポール・マッカートニーの間に発生した三角関係に原因のあることを、私の著書『ビートルズを知らない子どもたちへ』(アルテスパブリッシング)に示しました。『ハムレット』など、シェイクスピアの多くの悲劇も、その観点から解説できます。

旅行は三人で行かないほうがいいとかいいますね。つまり、三角関係に巻き込まれていくことが、人生のいろんな場面において悲劇的展開へと向かってしまうということは、よくあることなのです。

もちろん、三角関係になる以前の二者関係の中で、すでに悲劇が発生している場合もあります。たとえば、両親がきちんと育児をせずに虐待を行っているようなケースもあります。あるいは、母親や父親がそもそもいないし、自分を抱える家族的環境を得られない子どもだっています。しかしながら、多くの人にとっては、第二者である母親、あるいは母親代理者との一体感を壊す第三者の介入によって、個としての葛藤や競争に満ちた悲劇が始まることが避けられないものとして経験されるのです。

「帰って来たヨッパライ」と精神分析

私は自分自身の経験からも、フロイトの「エディプス・コンプレックス」の考えが、深層心理を突いた真理であると感じています。私はフォーク・クルセダーズというバンドの一員として、1967年にデビューしました。アマチュア時代につくった「帰って来たヨッパライ」という曲が地元の関西で人気となり、それに目を付けたレコード会社がこの曲を発売し、最終的に二八〇万枚もの大ヒットとなりました。

改めて「帰って来たヨッパライ」の歌を見てみると、三角関係が見事に描き出されていることがわかります。歌の内容はこうです。

酔っ払い運転による交通事故で死んだヨッパライが天国に行きます。天国には、うまい酒があり、「きれいなねえちゃん」もいる。ヨッパライは毎日、酒を飲んで天国での生活を楽しみます。ところが、天国には怖い神様がいて、ヨッパライに怒鳴ります。「天国ちゅうとこはそんなに甘いもんやおまへんにゃ　もっとまじめにやれ〜」。

しかし、それでもヨッパライは「きれいなねえちゃん」と相変わらず酒を飲み続けます。とうとう神様の怒りを買い、「まだそんなことばかりやってんのでっか。ほたら出ていけぇ」と天国から追い出されます。ヨッパライは畑のど真ん中で目を覚まし、生き返ったことを知ります。

この歌がなぜ、当時、あんなに大ヒットしたのかを考えてみると、当時の時代状況に重なっていたからともいえます。当時は、世界中で学園紛争など若者たちの反乱が起きていました。神様という権力と対立し、自分たちが主役となる新しい世界、すなわち天国を夢見る若者たちがたくさんいました。でも、ほとんどの若者たちが挫折していったように、ヨッパライは天国を追い出されます。こうした時代的な状況や心情が、この歌の世界とうまく重なっていたのでしょう。

しかし改めて考えてみると、「帰って来たヨッパライ」には、フロイトが提唱した「エディプス・コンプレックス」の三角関係論が見事に重なるのです。〈私〉であるヨッパライが、「きれいなねえちゃん」のいる天国で酒を飲んで甘い世界に浸っている。そこに、第三者である神様が登場し、ヨッパライと天国との関係は引き裂かれるわけです。その結果、天国を追い出され、畑のど真ん中で覚醒《かくせい》をよぎなくされます。母親との原初における未熟な一体感や「通じ合い」が第三者によって切断され、自分という存在に目が覚める物語というふうに見ることができます（185ページの図8-2参照）。

当時、私たちは大学生であり、ストーリーのもとをつくった私の仲間の加藤和彦も松山猛《まつやまたけし》も、精神分析についてまったく知りません。にもかかわらず、その後、私が出会うことになる精神分析の重要概念である「エディプス・コンプレックス」が歌に描かれていた。

こうして、フロイトの提唱する「エディプス・コンプレックス」の三角関係が、人の悲劇にとって普遍的なものであることを思い知らされたのです。以来、悲劇発生の起源を家族の三角関係で理解する精神分析には、ほんとうに深い洞察をもたらすところがあると私は実感してきたのです。

三角関係にもまれないまま

フロイトは「エディプス・コンプレックス」の説明の中で、母親と一体化する息子を追い出す要素の一つは、第三者の嫉妬によるものだと分析しています。母親との甘い平和な一体感を引き裂くのは父親やきょうだいの嫉妬に動機づけられた介入であるというわけです。

二者関係が切断されることで、自他が分化し、子どもが母親から自立していくことになるのを考えると、第三者の嫉妬は子どもの成長にとってとても重要な要素となります。にもかかわらず、この第三者の切断、すなわち、母親と息子を引き離そうとする力が、私たちの家族においては、とても弱くなっているのではないかと感じます。母親は自分の夫よりも、息子や娘をいつまでも大事にしていて、過保護といわれるような状態が続いていたりします。父親と子どもを天秤にかけた場合、子どもを選ぶ母親が多いのではないでしょうか。

つまり、母親の心の中にある夫という存在が、「粗大ゴミ」とか「ゴキブリ亭主」とか、軽い形でしか意識されていない場合もあるのです。しかし、「臭い」「汚い」といわれる場合でも、父親は母親とは違う、重要な「異類」として機能することができるのです。

母親との依存関係が濃厚だと、結果的に、子どもたちは母親を恋しいと思い、あの甘美な「抱える環境」に戻りたがるでしょう。何十年も前の戦争の最中に、日本の兵士たちが「おかあさん」と言って死んでいったという話をよく聞きますが、当然のことかもしれません。

母子の関係が濃厚で、父親がなかなか割って入れない。もしくは、父親の家族へのかかわりが薄いため、第三者的介入者としての父親の存在感も薄くなる。あるいは、母親が夫も息子や娘と同様に子ども扱いしている。結果、家族内でなかなか三角関係へと移行しないケースも多いように思います。

こうした家族内の関係では、自分と他者との適切な距離をつくることを学ぶ経験を経ないまま、社会に出ていくことにもなってしまいます。社会に出て、急に三角関係に巻き込まれてしまい、どう対処してよいのかわからなくなってしまいます。突然に、社会や人の醜い裏を見せつけられ、絶望してしまうかもしれません。排除され、一人ぼっちになってしまうかもしれません。原初の一体感が忘れられず、社会から退いて家に引きこもってしまうこともありえます。三角関係をうまく経験する機会が少ないために、無防備な心のまま社会に参加し、苦しまざるをえなくなっているのではないでしょうか。

先述した自己を構造化するという機会が少ない場合は、外圧に弱くなるのでしょう。三角関係にもまれる中で自己を「構える」ことが、つまり「心構え」ができていないので、他者に飲み込まれたり、戦う術がない状態になってしまうのです。

ともすると、子どもは弱い者をターゲットにして、たとえば、その弱い子どもに無理やり学級委員長を押し付けて恥をかかせるなど、残酷なことを無邪気に行ったりします。他の者たちはつるんでいて、自分だけ蚊帳の外に置かれてしまいます。

こんなとき、無防備な心のまま、ただ絶望するのではなく、三角関係の役割を知り、人の表と裏の構造、そして定番悲劇の筋書きを知っていれば、「私」はそこに留まったり、対策を考えたりすることもできるでしょう。学校には保健室があり、保健室には教科を受け持っている先生とは別に、カウンセラーとしての養護の先生がいることは述べました。また会社などにもメンタルヘルスに対応してくれる産業医なども配置されています。そうした逃げ場を確保することは、前章で述べた「心の楽屋」をみつけ、絶望するのではない、次の第一歩を踏み出すことになります。

3　心の三角関係

三角関係は心にも内面化される

幼いうちに三角関係をうまく経験していくことで、自己を構造化していくこともできるようになっていきます。自己が構造化されていないと、自分というものを心構えのあるものとして持つことができていないので、自分を維持することができません。

家族の中で三角関係を経験することをきっかけとして、自己内部の構造化が始まります。そのとき、自分を取り巻く人間関係についての三角関係化と同時に、自分自身の心の中にも三角関係が「構え」として芽生えていくのです。自分の心の中に、母親との関係、父親との関係、あるいはきょうだいとの関係ができていくのです。

自分が何かをしたいと思ったとき、心の中で「母親には、こう言われるだろう」「父親には、こう言われるだろう」といったイメージが思い浮かぶようになります。こんなことをしたら、追い出されるかもしれない。あるいは、喜んでほめてくれるかもしれない。そのように心の中で物語を思い描くようになります。

たとえば、親に「こうしたい」「こうしてほしい」と感じ、もう一人の親に「ああ言われる」のを、私がどう生きるかを考えることで、自分というものの役割やその劇的展開を心の「劇場」でイメージすることにもなります。また、当初は、自分の全体像はぼんやりとして頼りないものですが、

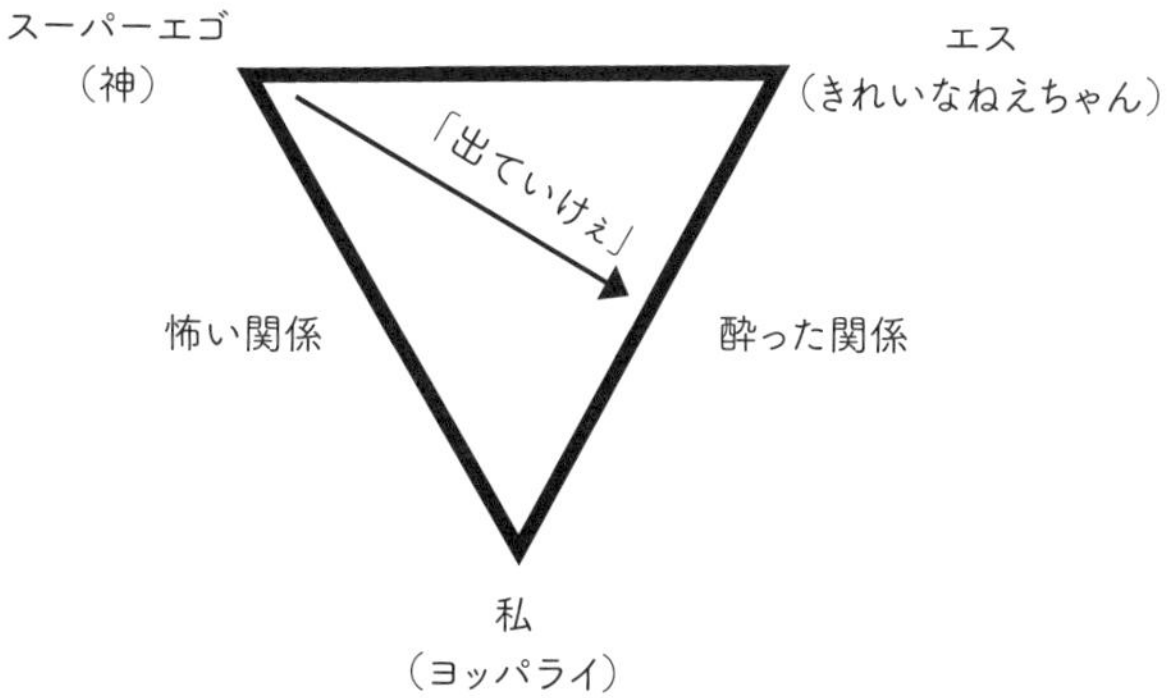

図 8-2　心の三角関係（「帰って来たヨッパライ」をもとに）

「自分は男の子である」もしくは「自分は女の子である」とか、「自分は兄である」もしくは「自分は姉である」といった役割意識もまた、物語の生成に重大な要因となっていくのです。

「心の三角形」とは

このようにして家族関係が心の中に三角関係として取り入れられ、また逆に、いまそのように取り入れられた心の中の三角形が家族関係に投影されて、目の前のドラマは進行します。それを読み取るなら、自分というものが何から成り立っているのかという理解も進んで、自己の構造化も確実になされていくことになります。そして、三角関係の構造が心の装置として機能するようになります。

心の装置としての三角関係について、精神分析では次のように理解しています（**図8-2**）。

よく、漫画でこんな場面があります。目の前に、自分のではないおにぎりがある。腹を空かした自分に対して、脇で「とってしまえ」という、悪魔のようにささやくもう一人の自分がいる。同時に、「いや、おまえのではないから、やめておけ」という声も聞こえてくる。すなわち、欲望の声と、心の中に第三者がいて、もう一つの声が道徳的なコメントを発しているのです。

動物的な欲望を持った内なる「自分」。そして脇から、あるいは上から、指揮官もしくは良心として叱ったり命令したりする「自分」。現実の中に身を置いて、その二つの「自分」に生じる葛藤を生きている「私」。この三つが三角形となって、「自分の心」全体のドラマ展開の経験がなされることになります。

このように**「心の三角形」**があり、それが心の中でたえず働いているという見方をします。もう少し専門的な言葉を使うと、内なる欲望や衝動、情緒などを抱えた部分を**「エス」**といいます。これに対して、もう一つの心の焦点が、脇から上から、第三者的に「それでいいのか」と怒ったり、「こうしろ」と命じたりする良心の部分であり、これを**「スーパーエゴ(超自我)」**といいます。そして、この「エス」と「スーパーエゴ」とのせめぎ合いや折り合いの場所に、それを実際に生きている**「自我」**つまり「私」がいるわけです。

この三つの焦点の具体的な中身やそれぞれの力関係は、現実の場面によって変わります。たとえば今の私は、表では「スーパーエゴ」の監視下で〝いい子〟としてふるまっている自分に対して、背後では泣いている弱虫や怖がりの臆病者という「弱い子」があり、その間を取りもってやや無理して生きている「私」がいるというような感じです。しかし、当然のことながら、幼いころの「私」は、大きな欲望やそれについての禁圧や恐怖に対して圧倒的に無力だったのです。

知・情・意の三角関係

「心の三角形」について、もう少し読者に馴染みの言葉に置き換えて理解してもらうために、ここで夏目漱石の小説『草枕』を紹介したいと思います。漱石の作品の多くに、人間関係および人間の心における三角関係が見事に描かれていると、私も幾人かの評論家とともに考えています。この後でも触れますが、『こころ』も登場人物である「先生」と「K」、そして「お嬢さん」という三角関係が描かれており、裏切りが大きなテーマとなっています。

『草枕』の有名な冒頭はこうです。

山路を登りながら、こう考えた。
智に働けば角が立つ。情に棹《さお》させば流される。意地を通せば窮屈だ。とかくに人の世は住みにくい。

ここで、漱石は心の問題を「智」と「情」と「意地」という三つの項目に焦点化させ、三角関係としてとらえています。「智」というのは知識などを指し、それだけだと角が立つ。つまり、理屈っぽいだけでは、他人と穏やかな関係はつくれない。「情」、すなわち感情などだけに頼っていると、それに振り回されてしまう。「意地」すなわち、自分の我ばかりを通そうとすると窮屈になる。

漱石は、知（智）・情・意（意地）の三つで世界が成り立っていることを示し、この三つのバランスがうまくとれていないと生きにくくなると述べているようです。そして、人の世を住みにくいところだとしています。この認識は、漱石自身が幼くして里子に出され居場所のない人生をくり返したことと無縁ではないでしょう。そのため、心を構造化する必要があったのだと思います。

先述した精神分析の用語「エス」は、日本語で「欲望」「衝動」などとされることもありますが、私は「情」のほうが合っているように考えています。「欲望」よりももう少し広く、情緒的なものも含んだ心の動きとして「情」という日本語が当てはまるように思います。そしてこの日本語は、「情を通じる」というように欲望や性欲も指すのです。性欲も攻撃欲求も、この感情に乗せられるとただ流される。「知」は角の立つ融通の利かないもので、道徳や人の道のようなものも指すのでしょう。加えて様々な「知・情・意」の解釈の中で、漱石の認識が一番精神分析に近いと思うのは、最後の「意」を意地と理解して、ほとんど「自我」に近いものとしてとらえている点です。

こうして、漱石のいう知・情・意は、スーパーエゴ・エス・自我の三角関係にも対応します。精神分析の「心の三角形」について、日本語を生かした理解として「知・情・意の三角形」としてとらえることができると、私は考えます。

しかも、漱石は『草枕』で続けて、こう書いています。

住みにくさが高じると、安い所へ引き越したくなる。どこへ越しても住みにくいと悟った時、詩が生れて、画が出来る。

すなわち、この知・情・意のどれも拠り所にできず、人の世が住みにくいと知ったとき、詩や絵画、つまり芸術が生まれるというのです。つまり、人との三角関係を生きることが苦しいと感じたときにこそ、安住することの断念を行うところで、やや成長した〈私〉として、自分が誕生し直す。そうして自分に合った自分の文化をつくることになるし、そうして生まれた芸術が人を育む拠り所になっていくというものです。

この漱石による人と文化・芸術の理解は、精神分析の考え方に重なっており、感心させられるものです。

三角関係を生きる

スーパーエゴ・エス・私(自我)、もしくは、日本語を生かして、知・情・意という三つの項目によって、自分自身の内面を構造化して理解する。そして、この三つの部分をどう総合し、自分の全体としていくか。これが、自己を構造化するということになります。

子どもが母親との一体感を奪われ、三者関係に放り込まれたばかりのときは、母親と父親が強く、子ども自身が弱い三角形となっています。「帰って来たヨッパライ」の例でいえば、神様によって天国から追い出され、畑のど真ん中で目が覚めた無力なヨッパライでしょう。これを何度もくり返すうちに、その自我が鍛えられて、三角関係で揉まれて人との距離や関係などを学習していくことで、だんだんと私の生きる自分自身の「心構え」ができるようになり、心の内側の三角形や対人的な三角関係の形のバランスがとれ、それを生きることができるようになっていくのです。

同様に、「心の三角形」においても、最初は依存的な自我が無力な状態で始まりますが、成長する中で、バランスのとれた三角関係を維持できるようになっていきます。経験知によって、〈私〉としての機能が強化されて、心をまとめた自分全体の総合、音楽でいうならトリオのアンサンブルが進んでいくのです。

こうして自分がいる、すなわち父性的な知と母性的な情緒と私という、三者のいる「自分」の総体が確立していくことになります。「私」と「渡し」は同じ音の言葉です。「わたし」というのは、成長して、自分の内面の葛藤を抱えた部分部分を、橋を渡してつなげる機能を果たすものとしてイメージでき、知と情が〈私〉によって生かされ総合されて「自分」という総体が確立されてゆくように私は考えています。

二者関係から父性的な「神」によって追い出されてしまうという不安な状況に置かれ、母親に飛びついて一体化しようとする欲求も強まる。戦うか退却するか、そのどちらもできないという葛藤の中でどう生きるか、どういう防衛を働かせるかという戦略的な見方もできます。すなわち、**不安・衝動・防衛**という三角関係です。知は不安を生んで警戒させ、情は衝動的な言動につながり、それだけだと「そうしたくない」不安と「そうしたい」衝動とでこの身は引き裂かれるのですが、そこを〈私〉が渡してつなぎ止めるために身を守るための防衛を工夫することになります。こうして三角関係で生じる矛盾・葛藤をどう生きるかということが、人間が生きていくうえでの継続する課題となっていくのです。

4 自己矛盾と葛藤をどう生きるか

三角関係に巻き込まれる

三角関係に放り込まれると、そこで対決や分離の恐怖を体験し、それが悲劇の発生の起源になると説明しました。また、三角関係に放り込まれ、人びとには裏というものがあることを知り、裏切りを醜いと感じて、気持ちの悪さを感じやすいのです。

自分だけに愛情を注いでいると信じていた母親が、実は父親とつるんでいた。父親には、自分の知らない悪魔のような面があった。あるいは、自分にとって豊かでやさしい母親が、実は自分を育てるために苦労して傷ついていた。また、父親についても、強いと思っていた人が弱かったとか、格好よく振る舞っていた人がいやらしくて弱い男だったとか、親についての幻滅のきっかけは家族の内外で起きます。両親が不仲で、その両者が互いの裏を暴くこともあるでしょう。

こうした裏を知ることの衝撃が三角関係には伴い、それが自己を構造化していく際にも大きな役割を果たすのです。母親にとって、あるいは父親にとっても、そして家族にとっても、自分だけが中心ではないことを知る。「三つ巴《どもえ》」という言葉がありますが、太鼓などに使われる文様（図8-3）

図 8-3　三つ巴

のことを示すのと同時に、三つの力が拮抗して、入り乱れていることも意味します。三体が右回りに動きながら中心で見合っているこの図では、三つがひしめき合って互いに対等に「巻き込まれている」ところが示されていると思います。まさに、多くの人は成長のプロセスで、やがては対等になって、家族関係を少しは安定的に構造化された運動体として体験していくことになるのです。

しかし、最初に裏を知って三角関係に直面したときの気持ち悪さは、それがきれいに構造化されていないからで、自分の外に向かって感じるものです。すなわち、裏を持っていた母親や父親に対して抱く嫌な感情です。私を裏切ったという相手への感情です。吐き気、嫌悪感と呼べる場合もあるでしょう。

ところが、相手の裏を知ると、やがて三角関係の当事者として、自分にも裏があることを知るようになります。何よりも、この両親の子どもなのですから、両親の問題は大抵自分の問題として跳ね返る。両親に対して怒りを感じても、結局「同じ穴」ではそれをぶつけられず、大抵はただの癇《かん》癪《しゃく》や怒りの爆発で終わる。あるいは、外に出せず息苦しいので妹や弟にぶつける「弱い者いじめ」や「内弁慶」で終わる。このように自分の中にも二重性や裏があることになると、自分自身に対しても納得のできない、気持ち悪さを感じることにもなります。うしろめたさや罪悪感を覚えるのです。そして、うしろめたいから、裏ができ、裏のあることを隠そうとします。

「うらやましい」という言葉があります。この語源は「心」を意味する「うら」と「病む」「病気になる」を意味する「やむ」から成ります。自分よりも相手が恵まれている、幸福であると感じて惨《みじ》めな気持ちになったり、嫉妬を覚えたりすることです。自分に対する不遇感を覚えることでもあり、うしろめたさや罪悪感と同様に、羨望《せんぼう》の「やましさ」は「病んだ」自分への自己嫌悪でもあります。

外向きの気持ち悪さを感じ、そして自分への気持ち悪さを感じることになる。自他未分化だと他者嫌悪は自己嫌悪になって、嫌悪感が矛先を失ってぐるぐる回ります。しかし人は人、自分は自分であり、自分に限らず、人はみんな裏を持っているんだと知っていくのが、生きていくうえでの課題となります。相手はご立派で、自分だけが裏を持っているという醜さに引っかかり、自己嫌悪に陥り、自分で自分を貶め、舞台から排除していこうとすると、切羽《せっぱ》詰まった状況に置かれます。外に対する嫌悪感を自分に向け替えるのは簡単かもしれませんが、生きていくうえで、自分の心に逃げ場のない困難を抱え込むことになってしまいます。

なので、広く見渡してそもそもいったい何が「見にくい(醜い)」のかを問う必要があります。三角関係に巻き込まれて、相手の裏を相手のものとして知ることや、そして自分の裏を正確に知ることは、無邪気で表しか知らない子どもには、実に難しいのです。このように、大抵の子の側の自己嫌悪の起源が、両親や家族についての醜さである可能性をここでは述べました。

特に外部は醜いのです。たとえば、どのニュースを見ても醜いものばかりでしょう。政治も、経済も、災害も。そして周辺過敏者はそういうものばかり拾って、溜め込むことになります。だから心が、そうした相手の裏表をこなしていけるかどうかが、重要なところです。

漱石の『こころ』の三角関係が示すもの

このことを理解するために、夏目漱石の『こころ』を取り上げたいと思います。

『こころ』では、主人公である「先生」は、かつて親戚にだまされ、亡くなった両親の財産を横取りされた過去を持っています。すなわち、親しい人に裏切られた過去を持っているのです。

そして、「先生」とその親友の「K」は、下宿先で同居のような状態であり、「お嬢さん」とその母の世話を受けています。「先生」は親友であった「K」を裏切って、「K」が好意を寄せていた下宿先の「お嬢さん」と結婚させてほしいと、彼女の母親に伝えてこれを実現しようとします。これを知った「K」は失意のなかで自死します。また、「先生」もその自分の行った過去に苦しみながら生き、やがて自死を決意します。

この作品では、同じ屋根の下にある窮屈な「同じ穴」に、急に三角関係という厄介《やっかい》な問題が持ち込まれるという、私たちの普遍的危機の顛末が描かれるのです。漱石自身の言い方を使うなら、まことに「住みにくい」ところです。父親不在で、二人の下宿人の恋人である「お嬢さん」とその母親が一体化し、「先生」と「K」が「お嬢さん／お母さん」をめぐる家族的三角関係に陥っていきます。その三角関係こそが苦しみと葛藤の現場であることは、当事者にまったくといっていいほど理解されません。

最後は裏切りを経験した「先生」と「K」の二人ともが自死してしまいます（もっとも、「先生」の自死の場面は描かれず、そうほのめかされているのですが）。「先生」は自身が親戚に裏切られながら、また自分が親友「K」を裏切ってしまうのです。一方、「K」は「先生」による裏切りを経験します。と同時に「K」は求道者でありながら、「お嬢さん」に恋している自分に対して自己矛盾を覚え、葛藤しており、自分への裏切りと自己幻滅を抱えているようです。つまり、他者も状況も、そして自分に対しても醜いと感じているのですが、登場人物たちがそれぞれ自分自身について距離を置いて理解できていないという意味で、見ていない、すなわち「見にくさ」の問題なのですが、その苦痛の解決が自死というわけなのです。

「K」は「先生」に裏切られたという怒りを、そして「見にくい」「こなせない」という苦痛を、自分自身に向けます。「お嬢さん／お母さん」に恋しているという自分への裏切りと重ね、自分自身を殺してしまうことで決着をつけようとします。

また、「先生」も自身が親戚に裏切られた経験を持ちながら、「K」を裏切ってしまう。「K」に対する裏切りへの罪責の念を抱え、やはり、自分が潔くこの世から去ってしまうことで、それに決着をつけようとします。

いずれの場合も、三角関係における裏切りという経験を狭いスペースでうまく乗り越えられず、自分への罪責、うしろめたさとして内向させ、自らが潔く去っていくという選択肢をとっているのです。

相手に裏切られ、そして、自分も裏切る。これをどう乗り越えるか。うしろめたさや罪意識をかみしめながらも、その「見にくさ」をどうこなして生きるか。漱石の『こころ』では、こうした重いテーマが投げかけられます。

そして、「K」も「先生」も自分が潔く去っていくことで、問題を解決してしまうところに、私たちが三角関係を生きることが苦手であり、これが生きていくうえで大きな課題であることをも示しているように私は考えています。この『こころ』などを題材として、三角関係、そこに生じる裏切りと幻滅をどう乗り越えていけるかを、私たちは考える必要があるように思います。

三角関係を対等にこなすところに「私」がいる

相手の裏切り、そして自分自身の裏切りを知ったとき、それをどう位置づけていけるかが、生きていくうえで大きく問われるのです。

『夕鶴』の与ひょうが、つうに「見ないでください」と言われたのに、それを裏切り、反物を織っているところをのぞいてしまい、つうが鶴であることに衝撃を受け、幻滅する。つうは人間ではなく、鶴だったという裏切り。同時に、自分の貪欲で相手を傷つけており、自分がつうとの約束を破ってしまったという裏切りの問題。裏切られた自分、そして裏切った相手や自分の矛盾をどう自分の心の中に置いてこなせるようになるのかが、重要なのです。

人間は動物性を併せ持ち、性欲を伴う恋愛はライバルを出し抜くことでしか成就できない場合があるでしょう。ところが、愛する者を裏切った自分を許せない、こうした自分を自身の心の中に置いておくことができないと思い込んでしまえば、自分自身の存在をなくすしか選択肢はなくなってしまいます。

最終的に、自分の問題をこなすことができるのは、自分でしかありません。裏切ることに伴う矛盾感は、外向きにぶつけられないのです。「K」は求道者として、「先生」も親友として、どちらにも矛盾があり、どちらもが苦しんでいる。この小説がもう一つ見事であるところは、どちらも矛盾しているしどちらも二重性に苦しんでいるというのに、二人の間にもそれぞれの自己内においても、二重性をこなすための対話がないことです。矛盾しているという発見があってこそ、自分とは何か、人間とは何かという深い考えに導かれることになるのです。だから、裏切りへのうしろめたさを味わうことも、とても大事なことです。ところが、彼らは「精神的に向上心のないものはばかだ」と互いに言い合います。

「先生」は「私」に向け語り続けています。そして、馬鹿者の矛盾をかみしめながら、生き抜いていくということがもう一つの方法だったはずです。『こころ』の場合も、「先生」が「K」を裏切った馬鹿者の罪意識を一生抱き続けながら、この長い告白の後は生き残っていくという選択肢も示しているのではないでしょうか。これが話を聞いてもらうことから生まれた希望です。

『夕鶴』と同様、主人公たちは両方が矛盾しているのです。なのに、自分さえいなくなってしまえばと考え、自分だけ潔く去ってしまえば、確かに三角関係の矛盾や葛藤はなくなります。なぜなら、三角形の一角を占める自分がいなくなれば、三角関係が成立しなくなるからです。

自分自身の裏切りを知り、その気持ち悪さをこなし、また裏のある自分の矛盾をかみしめ、それでも生き残っていこうと考えたとき、そこにこそ三角関係を生きる「私」というものが「いる」のだと考えます。

人には誰も、人間としての裏があり、人びとは裏切る存在であるということ。これは性善説でも、性悪説でもありません。そして人間は立体的存在であり、表裏、右左、上下のあるものであるはずなのに、全体が見にくいということは、当たり前のことなのです。自分から見て、自分も同じように見にくいし、また人も同じように見にくいのです。その全体を引き受けて、そして見渡して、どうやって自分の中で総合していけるか。それが矛盾や葛藤を味わって、自分を生きるということになるのです。

こうして、高い徳とされる「やさしさ」や「思いやり」というものは、自らの残酷さや攻撃性を実感しながら、それが相手に向かうとどれほどの被害をもたらすかを知るところで生まれる不安から、生き残る〈私〉が前向きに得るものなのです。つまり、あれをやりたいけれど、それをやるとこうなるので、ではこうしようという思考から、やさしさや思いやりは生まれるのです。

第9章 生き残る〈私〉が相手を変える

「見かけ」に基づく視覚的な表面的印象からの価値判断で、「見にくい」とされた者が共同体から去っていき、そのことによって、共同体の同質性が維持されていくという物語展開があります。その一例ですが、『夕鶴』のつうが、見苦しいところを見られ、恥じて去っていくことで、共同体が安定を取り戻すというパターンの物語が定番となっています。これを、私たちの社会は共有し、一人ひとりが悲劇の筋書きを無意識に取り入れて、これを逸脱するなら「すまない」と感じることがあるようです。

したがって、この悲劇を変えるには、異類視された者が去っていかない物語展開が必要です。去っていかずに居座り、生き残る夕鶴の物語です。居座る夕鶴が与ひょうを変え、そして、運ずも惣ども変えていくという物語がありうるのです。「裏切られたんだ」と夕鶴が去っていくのではなく、あるいは「やっぱり鶴だったんだ」とこれを追い出すのではなく、異類性をこなして受け入れる、つまり「慣れた」、そしてやさしい、思いやりや罪意識のある気持ちへと相手を変えていくのです。自分を異類視し、排除しようとする一部の〈みんな〉。彼らは裏でつるんでいるという意味で〈連中〉であり、集団を形成している〈ウチワ〉や〈仲間〉です。主人公が去っていかずに、この〈みんな〉や〈連中〉を変えていくという可能性を拓くために、ここで必要だと思える、まず〈あなた〉を〈私〉が変えるための戦略を、劇的観点から考えてみたいと思います。

1　神のいない「人前劇場」

「人前劇場」とは

人生を劇的観点で眺め、理解し、自分の「心の台本」を読んで考え直すことで、少しは生きやすくなり、自分らしい生き方ができるようになるという考えを掃案してきました。ただし、これは一人ではできません。つまり自分を知るには、自分の姿を映し出す「鏡」が必要だからです。

教室や塾、大人の職場、会議室、商店街という場から、時には家庭、さらにはＳＮＳの画面まで、私たちが立っている人生の舞台とは、神のいない「人前劇場」のようなイメージです。しかし、私たちの人生を劇としてとらえる場合、観客である人間集団を相手に演じられるという感覚がありま す。

他方、演劇は古代の宗教的な祭祀から発展したものともいわれています。ギリシャの神殿などを思い浮かべればわかりますが、神を奉る祭祀の一環として、神に捧げられるためにギリシャ悲劇などが演じられました。キリスト教などの絶対神の宗教が強く根づいている欧米の国々などでは、「神の前の演劇」となっており、また劇としての人生の感覚が違っていると思います。

特に、私たちの社会は「恥の文化」であり、〈みんな〉という人間の集団が、ともすると前章でいった超自我となり、絶対視され神格化されるようです。人びとの集まりである「世間」というものが、ある意味、権威のように語られます。「そんなことをしたら、世間が許さない」とか、「世間様」という言い方などもします。

また、人びとが協調してできる「空気」や「雰囲気」によって、その場の物事が決定されたりもします。この点でも、「人前劇場」というイメージが合っています。

そして、個人が異類視され、ターゲットにされ、孤立してしまうと、「もっとやれ、もっとやれ」と歓声を上げて煽る〈みんな〉の前で演じさせられるサーカスのようになってしまいます。第5章3でも触れたように、古代ローマのコロッセウムでは、剣闘士が人や獣と闘い、時に命を落とす悲劇や惨劇を、観客たちが熱狂して観ていました。そのようなイメージですが、ただこの演出が根回しや「空気」などを使って行われ、悲劇の「狂言回し」が見えない形で行われるのです。この構造を見抜いて、そして自覚して、私たち自身がこの「空気」による進行や演出を止めたいものです。

だから、人生は劇にたとえられるとしても、けっして遊びではなく、命をかけた劇場となりうるのです。

「潔く去れ」というメッセージ

人生という劇場がサーカス化し、コロッセウム化すると、〈みんな〉という観客の刺すような「好奇の目」に取り囲まれ、すでに決められた筋書きを演じさせるような力が働きます。力が働く、すなわち「力動」という言葉は、英語の「ダイナミズム(dynamism)」の翻訳語であり、精神分析で使われる用語でもあります。責任者のいない劇場では、観客からそういう役割や筋書きを演じるように、出演者に向けて心理的プレッシャーがかけられるのです。そのうえ、演じられる悲劇の物語の定番の「別れ話」が、私たちが生まれる前にすでに存在しているのです。

ターゲットにされた出演者は悲劇の主人公となり、「見にくいものは潔く去れ」というプレッシャーがかけられる。この「潔く去れ」という言葉は、物語のエンディングで悲劇的結末を強制されるときに聞こえてくるメッセージです。このメッセージを受け取り、「私さえいなくなれば」と思ってしまうのが、起こりやすい筋書きです。自分にだけ問題があり、自分さえいなくなってしまえば、「たつ鳥あとを濁さず」となり、〈みんな〉の美しい平和が保てると考えてしまうわけです。

私たちは謝るときに「お騒がせしてすみません」などと言います。このことは、第3章1でも指摘しました。共同体にとって不快である状態をつくってしまったこと、共同体の空気を濁らせ、汚してしまったことを悪いこととして、謝らなければならなくなるのです。自分が目障り、耳障りであるという認識のもと、自分さえいなければと追い込まれてしまうのです。こうなって、悲劇の物語は予定された視覚的に「美しい」結末へとどんどん進行していってしまいます。

「潔く去れ」というメッセージは、無言のプレッシャーとして届く場合もあります。また、近年ではSNSによる誹謗中傷という形で、目に見えるものとして投げつけられることもあります。SNSによって誹謗中傷が拡散して、どんどん大きなプレッシャーになって、人を追い込んでしまうこともあるでしょう。と同時に、無言のプレッシャーの場合には、神経過敏で感受性の強い人ほど、それを受け取りやすく、追い込まれていくことになります。

この国はこうしたことがずっとくり返されてきたのです。集団に同調しない者は、戦時中は「非国民」と呼ばれ、学校では恥をかいた者が「先生に言ってやろ」とはやしたてられ、SNSが登場する前は怪文書などがまき散らされました。だから、物事がエスカレートする前に、この悲劇的物語の存在とその上演を待ち受ける劇場の実在を知るべきなのです。

そのうえで、その可能性を読み取れる**「リテラシー（読解記述力）」**が大切です。何が起きているのか理解できず、ただただ苦しい状況に追い込まれる前に、そうした役割を自分が受け取っていることを読解できたほうが、次の対処法も考えられるからです。知ることによって、自分の生き方をどうするか、「ノー」と言って、そこから降りていく（これは人生という舞台を「潔く去る」ということではありません）という選択肢も見つかるのです。

さらには、いろいろ知りたがる観客に対して、自己紹介して正確な理解を得る、あるいはこちらも傷ついていることをうまく知らせることができれば、相手に**罪悪感**が生まれることが期待できるのです。それは時間のかかるプロセスなのです。

私自身の舞台体験から

なぜ私が劇的観点を提唱し、ここで起きる構造や現象などについて敏感なのかといえば、私自身がミュージシャンとして舞台に立つ経験がたくさんあったからです。実際に、舞台の上で「引っ込め」「早く消えろ」という声をぶつけられたこともありますし、恥ずかしい思いをし、そうしたプレッシャーを感じたこともあります。私のよくいう「場数を踏んでいる」のです。

舞台の上でスポットライトを当てられると、目の前に集まっている無数の観客の期待に応えなければならないというプレッシャーも受けます。観客が期待している物語を、自分は演じなければいけない、と。もちろん、それがよい方向に作用することもあります。観客が期待したように演じて、観客が大いに喜んで、自分が満足を得られることもあるでしょう。それによって人気を得て、経済的な収入が増えるということもあります。

しかし、読者の一部には信じられないことでしょうが、私は演奏者としては下手なのです。なぜ50年前、プロのミュージシャンをやめたんだと問われるなら、正直下手だったからです。

さらに、私の同僚ミュージシャンの代弁をしますと、その日の気分にしたがって、違った曲を演奏してみたいと思うこともあります。また、ある年齢やキャリアを積み重ねて、かつてとは違うアレンジで演奏してみたいということだってあるでしょう。でも、観客からは、レコードやCDと変わらない演奏、あるいは、かつての若いころと同じ歌い方を期待されてしまうことも少なくないので、それが嫌いでした。

ある時期、観客の期待に応えて人気があったとしても、ちょっとした不具合や精神的不調が発生すると、途端に、目障りだ、消えてしまえ、というプレッシャーが働きます。それこそ、最近でもむかしでも、そうした言葉が膨大に拡散していくのです。芸能ニュースなどで、よく目にする光景だと思います。

こうしたことが、芸能界の現象だけではなく、実は個々人の世界にも起きています。一般の人に対して、こうした劇場のプレッシャーが働く現象が日々、日常的にいろんなところで起きていると、私は感じています。誰もが悲劇の主人公になる可能性があるのです。だからこそ、皆さんが劇的観点を取り入れて、悲劇の主人公として予定された物語に引きずり込まれないように、あらかじめ心の準備をしておくことが必要だと、私は説いてきたのです。

2 〈みんな〉に向き合うには準備期間が必要

人生にはマネージャーもプロデューサーもいない

先ほど、私自身の体験も交えて芸能界の話をしました。芸能界では、芸能人の仕事をマネージメントするマネージャーがいますし、彼らが所属する事務所があります。そして、表舞台に立つ前に準備をする楽屋も用意されていますし、どう演じるべきか総合的に判断するプロデューサーもいます。芸能界でなくても、政治でもスポーツでも、演劇における舞台裏と同様の仕組みがあります。

しかし、こうしたショービジネスと違い、一般の人にはプロのマネージャーはいません。大人の人生の時間管理は自分でしなければなりません。また、どう演じたらよいか、どう行動したら魅力的かといった指示を出してくれる演出家やプロデューサーもいません。すでに述べたように、多くの人に楽屋は必要であり、人びとが持っているはずなのに、その存在に気づかないために楽屋として活用できていない、すなわち、楽屋を持っていないのと同じ状態に置かれていたりします。

だから、あらかじめ準備ができていない状態で、裏でつるんでいる〈連中〉に対峙し、マスクなしで〈みんな〉に向き合うことになると、彼らが押し付ける役割を演じさせようとする力を直に受けることになってしまいます。自分の意思とは無関係に、悲劇の主人公にさせられてしまうのです。

そもそも、コミュニケーションというものを考えたとき、ある一人の相手の期待に応えるということも簡単なことではありません。にもかかわらず、対応する相手が五人、一〇人となったら、これはものすごいプレッシャーになります。準備をしないで、いきなり対応させられると、苦しい状況に追い込まれてしまいます。

くり返しますが、誰もが〈みんな〉から排除されるターゲットになる可能性があります。誰もが悲劇の主人公となってしまう可能性があります。だから、そうならないために、あるいは、そうなってしまったときのための用意を、誰もがしておく必要があります。そのためには、私たちの公的な教育課程でこうした人生の問題を取り上げて、その読解のための心構えを身につけておくのがよいと私は考えます。この本で示してきたように、「鶴の恩返し」など、誰もが知っている昔話を取り上げて、わかりやすく教えることができるはずです。

移行期の重要性

すでに述べたように〈みんな〉に向き合う用意ができておらず、ぬるま湯に浸かっていたような状態から、いきなり社会という劇場に上げられてしまうと、皮膚がやわらかく、ふやけたような状態で、真っ裸のまま〈みんな〉という観客に向き合うことになってしまいます。観客から受けるプレッシャーに、とても耐えられないでしょう。

人間の成長を考えた場合、誕生後、立って歩くこともできないような状態から両親や家族などのケアを受けて、やがて成長し、一人前と認められ独り立ちしていくことになります。人に依存し、人の支えがなければ生きていけない状態から、自分で生活できるような状態に移行していくのです。未熟な状態から一人前になるまでの間の期間を**移行期**と呼びます。生まれたばかりのひな鳥が、親の運んでくる餌《えさ》を食べている段階から、やがて空を飛べるようになる時期が移行期にあたります。

人間の場合、母親の羊水に浸かっていた胎児が、出産と同時に子宮外に出されます。子宮内の羊水から子宮外の陸上に出されるプロセスを、人間にとって一度目の上陸といってもよいでしょう。そして、未熟な状態で親に育てられて、自分で立って歩けるようになり、精神的にも成長し、社会で独り立ちしていくプロセスは、第二の上陸といえます。私たちは、誕生そして成長し、成人していくプロセスで二度の上陸を果たすのです。

生まれてからしばらくは、主に親の庇護を受けます。その期間は、人間でありながら、半ば未熟な動物であるような状態です。つまり「あれかこれか」ときれいに分化されているのではなく、「あれとこれと」の状態であり、そこが守られるなら、やわらかな自分でいられます。私は、この時期の未分化で未決定の状態を「半人半獣」などといったりもします。「半人半獣」の移行期を経て、〈私〉は人間として成長していくのです。羊水という水中から上陸へということでいえば、両生類のような状態から、移行期を経て、人間として成長するのです。

この移行期に、自分に施される育児や教育などを通して、いろんなことを学習し、人として社会で生きていくために必要なものを身につけていくのです。したがって、移行期とは、人生において多くのことを準備していくための重要な期間であり、また、それを支える親や家族、その代理など、いわば裏を担当する〈あなた〉の役割が重要になってきます。

ところが、この移行期をうまく経験することができないまま、楽屋裏から表社会に放りだされてしまうと、丸裸で舞台に上げられてしまうようなことになりかねません。

本来は、準備期間として、失敗をくり返しながら学習していくはずの移行期において、失敗が許されなかったり、あるいは、親が先回りをして子どもの進むべき道を決めてしまい、子どもが自らの力で学ぶ機会が奪われてしまったりということは少なくありません。もともと早熟を奨励する「這《は》えば立て、立てば歩めの親心」ということわざのある国ですから、未熟な心を隠しながら無理して大人の仮面をつけることにもなるでしょう。だから、この本で述べているような表と裏のメカニズムや、〈あなた〉や〈みんな〉とどう向き合うかといったことを、練習しながら段階的に学ぶことの大切さは、ほとんど認識されていません。

成長してからも移行状態が必要

成長の移行期が重要であるのと同時に、人が成長して社会に出て以降も、引き続き移行状態は重要なのです。胎児期や幼児期など人の支えがなければ生きられない未熟な状態をAとして、独立し自立できている状態をBとすると、AからBの間が移行期に該当します。

しかし人間がすっかり変わることはなく、大人になったとしても、完全に子どもの要素がなくなるわけではありません。独立し自立しているように見えても、人に支えられたり、また甘えたり、自分以外の誰かに助けられたり、ということはありますし、むしろ必要なことです。Aの要素がまったくないBというものは考えにくく、Bでありながらも時にAであったり、Aに戻りながらもBという状態を維持したりするのが人間なのです。それがなければ、Bすなわち独立や自立の状態は困難です。

ところが、ともすると人や社会はAかBかをきっちりと分けたがります。子どもか、大人かの区別をしたがりますし、子どもには子どもらしさ、大人には大人らしさを求めたがります。移行期は、青年期や思春期も含んでいますが、この時期を「半人前」「青い」などといって低く評価しがちです。収まりが悪いために明確な把握が難しいし、反抗的で取り扱いがやっかいな時期でもあるので、なおさら重視しません。そのうえ、柔軟であるはずの青年自身が潔癖な心性を有しやすいので、青年心理学は「あれかこれか」になってしまうのです。

かつて、元服のように、ある年齢に達した際に儀式を行って、それ以降は成人とみなすような文化もありました。そうした風習が残っている地域もあるでしょう。しかし、文明が高度化されている現代においては必然的に、人は長い「あれとこれと」の移行期、すなわちAでもありBでもある中間的な移行状態を必要とするようになっていると私は考えます。

文明が高度化されることによって、大人になっても、子どものようにいろんな情報や技術を取り入れていかなければ、社会で生きていくことはできません。常に学習している状態が続いているのです。そのため「これさえできれば大人だ」という条件は、もはや成立しがたい社会となっています。そうした意味において、人の移行期は長期化しているのです。

こうした現象を、小此木啓吾先生は「モラトリアム人間の時代」と呼びました。人の成長のサイクルを考えてみると、親などの世話を受けて育った子どもが大人となり、今度は、自分が世話をする側になります。子どものときに受けた「恩」は、大人として労働をしたり、税金を収めたりして社会に還元していくことになります。大人となって社会に還元していく前の段階をモラトリアム期と呼びます。モラトリアムというのは、負債などの支払いを猶予することを意味します。小此木先生は、文明が高度化することで、このモラトリアム期が長くなり、青年期が長期化していることを「モラトリアム人間の時代」としたのです。

このモラトリアム期、移行期は、自分自身の「生半可」を発見し、自分というものの二重性を渡して生きる〈私〉が育つためには重要な時期です。そして、ここで身につけた基本的な知恵をいうなら、大人になって表舞台に上がったり、そこから降りて子どものようになったりしながら、〈私〉は人生を生きていくことになるということです。

しかし、移行期が長くなり、ますます重要性が高まっているにもかかわらず、そのことが広く認識されていません。人生にも練習や教科書が必要なのであり、何もかもがぶっつけ本番ではたまったものではありません。よく「弘法《こうぼう》筆を選ばず」などといわれ、レトリック（修辞学）という本来大事である言語的スキルを「美辞麗句《びじれいく》」「巧言《こうげん》」と呼んで嫌います。名人が強敵と、準備なく素朴なままで戦うことを理想化する傾向がありますが、人生は本当にそれでいいのでしょうか。

受験勉強を隠れてやりながら、涼しい顔で合格していくのが「正しい」とされるようです。そういう考えを表面的に真に受けると、正直者は無防備なまま丸裸で舞台に上げられてしまいます。思春期は、精神的な病気を発症しやすい危険な時期です。この時期は、未熟な状態から自立へと向かう、いわば旅立ちの時期です。旅立つときには、故郷など、これまで自分を守ってくれていたものを切り捨てて出ていこうとすることを伴うかもしれません。なので、ケガもしやすいのです。人生という旅のための、旅立ちの準備が必要なのです。

そして、旅立ちに向けて先の視界を広げて見やすくするのが、世界を劇場としてながめ、人生を劇としてとらえる視点なのです。

〈みんな〉は全員ではない

人生を劇としてとらえる視点から、自分を取り囲む〈みんな〉という観客にどう向き合うかを考えなければなりません。無責任な観客は残酷な一面を持っています。ターゲットにスポットライトが当たると、定番の悲劇がスタートすることを期待しはじめます。悲劇の主人公の役割を押し付けられ、助けを求めても、時に観客はそれを眺めて楽しもうとします。冷たい「沈黙の傍観者」になりやすいのです。当然ですが、出演者にとって観客という存在からは、発言することを期待できないのです。ということなら、この観客、すなわち〈みんな〉の「空気」に右往左往させられる必要はないのかもしれません。

自分を取り囲んでいる〈みんな〉というものを、距離を置いて、もう少し具体的に考えてみましょう。はたして〈みんな〉とは誰なのか。

〈みんな〉というのは、世の中全員を指しているわけではありません。自分を取り囲んでいる人たちのことを指している場合が多いのです。ごく近くの隣近所の人たちだけを指して、〈みんな〉といっている場合もあります。

だから、この〈みんな〉という集団を抜け出せば、また別の集団がその向こうにあったりします。取り巻く〈みんな〉は当てにならないけれど、その「取り巻き」から抜け出た別の集団にいる一人ひとりの中には、ひょっとすると、自分の味方になってくれる人がいるかもしれません。ぐるっと取り巻く「ぐるり」は確かにグルになっているかもしれません。が、それがすべてではありません。目の前で取り囲んでいる〈みんな〉が、全世界なのではありません。その向こう、あるいは背中の側に、別の筋書き、別の舞台、あるいは舞台から降りるための楽屋だってあるはずです。

確かに、自分が置かれた状況や文脈によって、〈みんな〉ではない他の集団に味方になってくれる人がいるのか、どうかもわかりません。でも、そんなときでも、〈みんな〉はすべてではなく、あくまで部分であるということを常に忘れないことが大切です。〈みんな〉ではない家族やきょうだい、あるいは別の友人や知人が助けてくれる場合もあるでしょう。また、私たちのような心を扱う専門家などに相談してもいいのです。いずれにしろ、目の前の〈みんな〉、あるいは〈あなた〉だけに自分のすべてをゆだねてしまっては危険です。

3 「心の楽屋」を見つけるために

「心の楽屋」を確保する

悲劇の主人公にされそうなとき、〈みんな〉が取り囲んでいる舞台から降りるためには、自分を内側に置いて守ってくれる場所を見つけなければなりません。第7章3で指摘した「心の楽屋」です。

すでに見てきたように、母親の腕に抱かれ、内に抱えられていた二者関係から、父親などの第三者が登場して三者関係へと移行するときに、自他の分化が起こりやすくなり、社会というものにも徐々に接していくことになります。分離の際は、未熟な存在として内側に置かれて守られていた部分と、社会に向き合う外側の部分という構造を、自分の中に確実にしていくことになります。内と外、私的な部分と公的な部分、本音と建て前といった二重性が自己の中に形成されていくのです。これを**自己の二重化**と呼びます。

この第一の構造化で幼いときから身を守ろうとしてきた人は、外では役割の仮面をかぶり、内では素顔になるという人格の二重性を強固に身につけていきます。人格や性格を意味する英語「パーソナリティ(personality)」の語源は諸説あり、ギリシャ語の「仮面(ペルソナ)」であるとされることが多いのですが、これも世界的に広がりのある考え方であり、やり方なのですね。

問題は二重化のやり方なのです。人は常に外に出続けているわけにはいきません。仮面をかぶり続けていることもできません。ましてや逆に、仮面をかぶらずに外に出ていくというのは危険すぎます。そこで退却し、素顔に戻ることができる「心の楽屋」が必要なのです。

ところが、「心の楽屋」を見つけるのが難しいという人もいます。二者関係から三者関係に移行したとき、まだ、未熟な状態を引きずっていて、二者関係の庇護的環境に戻りたいと思ったけれど、母親はすでに弟や妹と新たな二者関係を築いている場合があります。あるいは、母親的存在が脆弱《ぜいじゃく》であったり、父親的存在が厳しくて母親のもとに戻ることを許してくれなかったということもあるでしょう。

こうした移行期の体験における困難や停滞が大きな影響を残し、「心の楽屋」に退却することが許されないと思い込んでしまっている人もいます。自分が元の姿に戻って甘えることのできる場は失われ、あとは前へ前へと進むしかないと自分に言い聞かせているのです。そして、人生の局面においても、もう自分には退路が断たれていると思い込んでしまいます。

でも、すでに見たように未熟なAでもあり、独り立ちしているBでもあるという、中途半端な状態が、多くの人にとってはごく自然なありようです。ときどきAという裏に戻りながら、Bという表を演じる。退却して引っ込んで、それで外に出ていく。こうした反復が人には必要なのです。なんとか健康を維持し、外で社会生活を維持できている人たちは、カラオケで歌ったり、温泉につかりながら、ふやけてのんびりできるような時間を、どこかで確保できているのです。

「レクレーション(recreation)」は、「娯楽」とか「余暇」という意味ですが、「再び創造する(re + creation)」というのが語源的な意味です。力を蓄え、新たな創造をするために娯楽や余暇が必要であるという考え方です。これは充実した「心の楽屋」を持たないなら、物事がむなしいものとなるという考えにつながります。

「心の楽屋」のありようは、人によって違いますし、また、その人にとって一つである必要もありません。家族との時間であったり、友人や仲間とたわいもない談笑をしているときであったり、一人で何もせずにボーっとしているときであったり、あるいは、都会の喧騒から離れた大自然の中で得られる場合だってあるでしょう。

こうした「心の楽屋」が、表舞台から降りた私たちの裏の部分のための居場所を確保してくれます。「うら」という言葉には語源的に「心」という意味もあることは第6章1で触れました。「うらさびしい」「うら悲しい」という場合の「うら」です。ですから、「心の楽屋」は文字通り、心を置いておける裏の場所です。

しかし一方で、私たちの社会は裏というものをどんどん失いつつあることを指摘しました。「駅裏」も「裏日本」もなくなり、安全性や経済的な合理性を名目に、目的のない曖昧な部分も無駄なものとして切り捨てられてしまっています。

こうした変化の中で、裏というものの大切さ、「心の楽屋」の必要性はあえて言わないと、こういう認識はますます薄れてきていると感じます。「心の楽屋」を見つけるのが難しいという声も聞きます。それは、こうした社会の変化が背景にあるのかもしれません。しかし、だからこそ、「心の楽屋」の大切さをしっかりと主張しておくことが必要なのだと考えます。

出たり、入ったり

「心の楽屋」に戻り、また表に出ていくという往復の実態は、人によって個人差がかなりあります。「心の楽屋」に戻ることをできるだけ避け、退路を断つようにして、表舞台で演じている人もいれば、表舞台でつまずいてしまうと、後ろ髪をひかれるようにして、すぐに「心の楽屋」に退却し、なかなか表舞台に上がってこられないような人もいます。ずっと退却し続けていると表舞台に戻れなくなることもあるし、逆に、退却せずに表舞台に出続けていれば、息切れをしたり、むなしくなって、自分を失ってしまうことにもなります。

原初の母親との動物的な一体感、親の間でいっしょに寝ている同衾体験といった幼児期の体験なども、こうしたことの個人差を生み出しているでしょう。このときの実際の体験や、ここを追い出されたときの体験によって、素に戻れる場に退却できるという心性をどう持つことができたか。簡単には戻ることは許されないと思っているか、簡単に戻ってもよいと思っているか。そうしたことが個人差をつくっているのだと考えます。

この本を読んでいる人にも、それぞれ個人差があるでしょう。幼児期や移行期の体験などは、それぞれ違っていることと思います。でも、この本をここまで読み、「心の楽屋」が大切であることを認識していただいたとしたら、自分のこれまでの「心の台本」を見つめ直すこともできると思います。「心の楽屋」を軽視して、表舞台ばかりを重要視してきてはいなかったか。表舞台に立つ準備期間がうまく得られず、「心の楽屋」をきちんと活用できていなかったのではないか。このような問いを自分に向けてみることができるでしょう。

そして「心の楽屋」が必要だと気づいたら、それを見つけようと意識することが大切です。学校に通っている人なら、それが友人と過ごしている時間なのかもしれません。あるいは、保健室にいるときかもしれません。もしくは、家族や親戚との時間ということもあるし、一人で部屋にいる時間なのかもしれません。

すでに仕事に就いている人は、自分が何のために一生懸命働いているのか、考えてみてください。

もちろん、生活のため、家族を養うためという必要性はあるでしょう。しかし、それだけではないはずです。その裏では**〈自分のため〉**という意識と時間帯をしっかりと持てていないと、表の仕事は苦しいものになってしまいます。

一貫性のあることを「軸がぶれない」といいますが、実は多くの人の軸足は、舞台の軸と楽屋の軸との二本あって、二股をかけており、重心がその間で揺れているのが実態です。一生懸命、働き、そして温泉に浸かりゆっくり、くつろぐ。むしろそうした時間のために働いているという、リズミカルな揺れこそが大切なのです。

「心の楽屋」のありか

「心の楽屋」はどこにあるのか。私は、それは温泉であったり、布団の中であったりもすると思っています。お年寄りが温泉に浸かるとき、よく「あ〜、極楽、極楽」と言います。これは日々、生きている現実は「地獄」のようなつらい世界であり、温泉に浸かってボーッとできることが幸せという感覚なのでしょう。一日の生活を終え、布団に入ってホッと一息つくときも、また自分が素に戻れる瞬間だと思います。

私たち人間は知恵を持った生き物です。本能だけで生きている動物ではありません。だから、温泉に浸かってボーッとしようとしても、完全に動物的状態に戻ることはできません。温泉に浸かってボーッとしていても、温泉から帰るときのバスの時刻や、明日の予定などを頭の片隅で考えていたりもするでしょう。だから、完全に素に戻るということもまた難しいのです。

しかし、ここでもAかBかではなく、AでもありBでもあるという状態でいいのです。曖昧、中途半端、どっちつかずということは、けっして悪いことだけではなく、むしろ、意味のあるものとして評価されてよいと私は考えます。

私の経験をお話ししますと、小学生のころ、夏休みが始まったばかりで、まだ宿題の心配をしなくていい8月のはじめぐらいに、海で浮袋につかまって漂っていたときのことを思い出します。ボーッとして、ただただ波に漂っていたあのとき。あれは、あのときの私にとっての「心の楽屋」だったのだと思います。

そういう瞬間、そういう場は一つである必要はありません。ぜひ、素に戻れる場を見つけられるときや場をたくさん見つけてみてください。それを確保してこそ、表で演じることもできるのです。

「することの幸せ」と「いることの幸せ」

現代人はゆっくりするということも、何もせず、ボーッとしている時間を過ごすことも苦手です。何かをすることで幸福感や充実感を得ようとします。でも、何かをするのではなく、何もせずにいるだけで幸せを感じられる場合があるはずです。「することの幸せ」ではなく「いることの幸せ」です。

精神分析家で小児科医のD・W・ウィニコットは、「ドゥーイング(doing)」すなわち「すること」

と、「ビーイング(being)」すなわち「いること」「その状態にあること」という言い方で、これを分けて考えています。ともすると、私たちは「ドゥーイング」による幸せを重視し、「ビーイング」による幸せを軽視しがちです。「こうすれば幸せになれる」「これを買えば幸せになれる」「ここに行けば幸せになれる」といった言葉があふれています。

でも、素に戻ることのできる「心の楽屋」の楽しみは、何もしないでいられる「ビーイング」による幸せのほうが近いと考えます。こうした瞬間を大切にすることを、私たちは抱えられるべき**退行(子ども返り)**として提案しているのです。

くつろいで、素に戻ることができたとき、私たちは、〈みんな〉と距離を置いて、自分の人生物語を紡ぎ直すこともでき、そしてこれを「来し方」として考え始めることで、すでに物語は変わり始めているのです。「心の楽屋」が持てていなかった、あるいは、こういう気持ちがなかったという状態から、これを探すようになったということだけでも、すでに追い詰められた人生に変化の第一歩が訪れているからです。

第10章 人生を渡す

私たちの受苦と悲惨に彩《いろど》られた「心の台本」を読み直し、それを改訂する。そして、「心の楽屋」を見つけ、ときに、そこに退却して素に戻り、人生という物語を考え直してみる。さっきまで自分が立たされていた舞台、押し付けられていた役割について距離を置いて見つめ直し、自分らしい新たな物語へどう紡ぎ直すか。そのための劇的観点について述べてきました。

私たちはいつも、自分の人生物語を言葉で読み取るたびに、それを新しく改訂しているのです。ただし、すでに述べたように、過去の歴史自体を変えることはできませんし、過去のパフォーマンスを演じ直すこともできません。いっさいが取り返しのつかないことです。

でも、それをどうとらえて、どういう言葉で物語るか、そして、これからの人生を紡ぎ出すかということは、いま私たちの〈私＝自我〉が選択することなのです。どのように、人生を紡ぎ直していくのか。その結果の多くは受け手、あるいはこれを抱える〈あなた〉の存在によって左右される

のですが、何よりも〈私〉が主体的に物事を「わたす」「わたってゆく」機能にかかっているという
ことなのです。このことについて、この最後の章でまとめていきます。

1 自分を認める

どっちつかずだが、やわらかい

「楽屋」というのは、静かで、そこにいるだけでホッとできる場であってほしいものでしょう。しかしそこでも、外と同じ緊張や不満な事態が起きるとすれば、おそらく治療的なことは起きないようですから、専門家の手助けが必要でしょう。

そしてもし誰かとどこかで、そうした場や時間が見つかったら、自分がどんな人生を演じさせられてきたのか、どんな人生物語だったのかを考えることになります。これは**「人生の読解記述力（ライフ・リテラシー）」**と呼んでもいいですね。

その読解を日本語で始めてみて改めて気づかされるのは、多くの場合、その主人公であるはずの自分が一貫した言葉で呼ばれず、場当たり的に変化してきたことなのです。本書でも自分のことを、「自分」だけではなく、「私」「自己」「自我」と呼び分けてきました。日常でも、私自身についていえば、時や場によって「きたやま」「北山」と表記を変えたり、時には「ぼく」といってみたり、文章では「われ」ということもあります。相手からは、普通は「〜さん」と呼ばれますが、幼いころは「〜ちゃん」と呼ばれたし、いまの仕事場では「先生」と呼ばれ、「様」「殿」「氏」と敬称も

変わります。そのうえ、文章からこの主語が消えてしまうことだって多いのです。このことだけ見ても、自分がその場に応じて使い分けられていることをはっきり自覚することができます。

この一人称の変化だけではありません。平仮名、片仮名、漢字や話し言葉、書き言葉の使い分け、そして多義的な言葉の使用などは、私たちの特徴であり、これらを渡す〈私〉は極めて柔軟だといわざるをえません。おそらく私たちの多くが、この自分の柔軟性を生かして世間を渡っているのでしょう。

しかし、その一貫性や総合力については、ただ一人で知ろうとしてみても、一続きの物語や全体像を見つけることはできないかもしれません。

というのも、人生物語は、自分の話を聞いてくれる相手がいれば紡ぎやすくなるのです。この聞き手としての〈あなた〉が、精神分析的理解のできる精神科医、臨床心理士やカウンセラーであれば、私のいう意味で、受け手、受け皿として役に立ってくれるでしょう。また、この本も、人生物語を読み直す手助けに少しは役立つだろうと、私は信じています。ただしそれも一般的な読者に共通する問題を想定したものであり、個々の人生についてこの本で語ることができないことは理解してください。

〈あなた〉の前で

そして、信頼できる〈あなた〉の前では、自分がもともと半分くらいは未熟な動物であったことは素直に認められなければなりません。あるいは、成長しても未熟な子どもとしての部分があることも認めてもらう必要があります。人は大人になると、外では大人としてのふるまいが要求されます。しかし、子どもの部分が一切ない大人など存在しません。子どもであったり、大人であったり、Aであったり、Bであったりというのが普通の人間です。異類婚姻説話でいうなら、鶴でもあるし、人間でもある。こうした中途半端な状態を〈あなた〉の前では出して、自分も自分の中のそういう部分と、その部分部分のつながりを見直してみなければならないでしょう。

子どもからすると、大人はずいぶん立派な完成した人間のように見えることがあります。でも、それは社会という外で大人を演じている部分がそう映るだけであって、誰もが子どもと変わらない部分を持っているのです。また、子どもの部分を少し出して、楽しむために、わざわざお金を払ったりしていることも普通です。どこかに遊びにいったり、趣味を楽しんだりしたうえで、劇場で大人を「や(演)って」いるのです。

こういう二重性格を前提にすることについて、ものすごく反感を感じる人もおられますが、そういう一本気な方には、総合や共存ではない、統合された人生を目指していただきましょう。意見の違いについても、私たちは受容せねばなりませんが、統合はおそらく猿が人間になるくらいに難しいことだと私は思うのです。

二重性格の議論を続けると、この大人であっても、子どもの部分はあるということを認識すること、そして、大人でもあり、子どもでもあるという中途半端でいられる、「間《あいだ》」の場や時間が大切であると知る必要があります。人はAからB、BからAへと渡す、あるいは渡るところで、素顔の自分に戻ることが多いのです。

たとえば、子どもから大人になる青年期において、どっちつかずで中途半端でいられる空間や時間の存在とその大切さに気づけば、それを大人になってからも確保していけるかもしれません。親から「勉強するのか、寝るのか、どっちかにしなさい」とか「いつまでもダラダラしていてはダメ」と叱られた経験が、誰しもあると思います。私たちの生きている社会は、割り切ることが大好きで、どっちつかずで中途半端な状態を評価しないのです。

でも私はずっと、このようなやわらかい状態が実在することを感じていたのです。学校や会社からの帰り道の途中で寄り道して、公園のベンチに座ってボーッとするのでもいい。私も子どものころに、そうした経験があります。公園のベンチに座ってぼんやりと、今日、家出しようかと考えたこともあります。結局、家出はしませんでしたが。こうしたどっちつかずで、中途半端な時間は無駄のように見えますが、人にとって、人生物語を練り直すために**「やわらかい心」**に戻る場として大切なものなのです。

未分化な自分を、まずは置いて

どっちつかずで中途半端な状態、あるいはそういう時間や空間は、人間の社会において無駄とされることが多いです。社会の中では、無駄なものとして低く評価されてしまいます。鶴女房や人魚、スフィンクスや鵺《ぬえ》などは、その代表でしょうが、それは分けられないものを分類しようとするからです。

しかし、たとえ社会における評価が低くても、私はその大切さを一貫して主張してきました。誰の中にも、どっちつかずで中途半端な状態や気持ちなどがあるはずです。子どもの部分や動物的な部分があり、外から見て「半人半獣」であるという要素は、誰にもあります。そして、この「AとB」の間で、やわらかい〈私〉が人と獣とを橋渡しするのです。

この割り切れないところを自分の中に見つけたとき、真面目な人が自分を毛嫌いしてしまい、醜いと感じて受容することができないと、とても苦しくなってしまいます。それが自己嫌悪に陥ることの危険性もすでに指摘しました(第8章4参照)。つまり、これを生きて生かすには、自分の中の中途半端な部分を、たとえば柔軟性として自分自身が受け止め直すのはいかがでしょうか。

安心できる場を得て、信頼できる〈あなた〉の前では、正直に中途半端な自分を出すことがあると述べました。自分の心の中にも〈あなた〉という存在はあります。まず何よりも自分の中の〈あなた〉の前で、自分が未決定で構造化されておらず、中途半端なままであるのを、置いておかねばならないでしょう。それが、心の余裕のあるところでしょう。

仕事をしているけれど、本当は「子どもみたいに」休みたい、怠けたい、逃げ出したい。それでも仕事をしなければいけない。こういう状態にあるとき、休みたい、怠けたいという本心自体を否定する必要はないでしょう。こういう自分は怠け者でダメな人間だと否定すると、大事な可能性を殺してしまいます。その可能性が、いま実現しなかったとしても、いつか生かせるように、本音は本音として〈私〉が望めば、心に置いておくことはできると思います。

私たちは誰もが、心の中に傷ついた異類を抱えていると、私は考えています。強くはない、傷つき弱っている自分を、心の中の〈あなた〉の前では見せてもいいのです。まずは、自分自身がそのことを認めて、「ゆ」づくしでいうなら、緩い気持ちで、許してあげなければ、余裕や、夢、遊戯としての「心の楽屋」は譲られることはないと思います。

この世で数年過ごすだけで、どんな人でもトラウマを抱えることになります。どんな人にも停滞や未熟な部分があります。子どもの部分を持っていない大人などいません。外で平気にふるまっていても、不安を覚えたり、傷ついていたりする部分を抱えているのです。まずはそこを、〈私〉が受容し生かしたうえで、渡して織り込まなければ、人生物語を新たに紡ぎ直すことはできないでしょう。

男でもあり、女でもある自分

中途半端だけれど柔軟な自分ということの例は、ジェンダーにおいてもいえることです。男性であっても、誰もが女性的な心の部分を持っています。あるいは、女性であっても、誰もが男性的な心の部分を持っています。心底男である、心底女である、という人は存在しません。

そもそも「男性的」「女性的」という概念も、心理的にはぼんやりしたもので、社会や時代が期待する「男らしさ」「女らしさ」が反映されているものです。社会や文化によっても「男らしさ」「女らしさ」の基準は違ってくるでしょう。

また私たちは、『夕鶴』を観て、それに感動するなら、つうの気持ちも与ひょうの気持ちも理解できるはずです。そして、男でもあり、女でもあり、中性的でどっちつかずの部分を自分の中で認めたいと思います。

性の同一性障害とは、自分のアイデンティティとしての心の性と外形的な性の不一致を抱えている状態をいいますが、人は程度の差はあれ、割り切れない性の部分を抱えているものなのです。心の中核的な部分やその脇では、男か女かと完全に分かれているわけではなく、どちらの部分も存在しているのです。そのことを自分自身が差別しているとしたら、私たちの思考はけっしてやわらかくなることはできないでしょう。

男であっても、私たちの心の中にいる女々《めめ》しい夕鶴や蛇になった清姫、怒るイザナミなどを隔離しないで認め、置いておくことが大切なのです。女であっても、心には、逃げ出すイザナギや呆然と立ち尽くす与ひょうがいる。「あれかこれか」ではなく「あれとこれと」がいる。これが人生物語を新たに紡ぎ出していく際の重要な考え方となります。

承認欲求という言い方がありますが、まず何よりも自分が自分を承認してあげなければ、他人から承認されることも難しいのです。

分かれ目に戻って、両方の自分を織り込む

「心の楽屋」に戻り、自分の「心の台本」を紡ぎ直すという、もう一つの例を挙げてみましょう。いつ、いまのような自分になったのか。いまのような舞台に上げられたのは、いつだったのか。いつの、どの選択で、いまのような役を演じさせられることになったのか。それが人生物語です。悲劇のポイントが**分かれ目**といわれるものです。私たちの成長プロセスを考えた場合、未熟で生半可な状態を脱し、自己の構造化へと進み始めた時点が、人生における重要な分かれ目の一つになります。そして、人生においては、こうした分かれ目が、くり返し訪れることがあります。

あのとき、本当は左の道に進みたかったのに、右の道に進んでしまった。右の道を進んでいるうちに、本当は左に行きたかったという、かつての自分の思いを忘れてしまうことがあります。そのこと自体は別に悪いことではありません。しかし本当は左に行きたかったという思ったこと自体がいけなかったことと否定し、その思いを強く押し殺して右の道を歩んでいる場合もあります。でも、現在、右の道を進んでいても、左の道に行きたかった自分というものを、自分の重要な一部として抱えているものなのです。そのことを自覚することで、分かれ目で右を選んだ人生ももっと豊かに紡ぎ直せるはずです。左を選んだかもしれない、左に進んだかもしれない自分を、右に進んでいる自分の中に見つけ、心の中に置いておくのです。

人生に訪れた分かれ目に戻ってみる。そして、両方の選択肢がありえた自分に戻って、そこから改めて主体的に再出発してみる。そのようなイメージです。幼いころは、人生の「狂言回し」は親

りを大人たちだったのですが、これからは自分で渡して、新たに人生物語を紡ぎ出していくことになります。

たとえば、本来的には左利きだった人が、親のしつけなどによって右利きに矯正《きょうせい》されるということはよくあります。左利きは普通ではないと厳しくしつけられ、左利きであることを殺して生きてきたという人もいます。

でも、かつて左利きだったはずの自分を思い出してみる。左利きから右利きを矯正された分かれ目に戻ってみる。そしてまず、左利きであったかもしれない自分を認めてあげる。そこから出発しないと、新しい人生物語を紡ぎ出すことはできないのです。

いまは右利きであったとしても、左利きであったはずの自分も生かして、いま右利きの選択を強いられた自分も織り込んで、より大きく拡充してゆく。そのことから、人生物語の主体的な紡ぎ直しが始まるのです。

2 〈私〉が人生物語を紡ぎ出す

葛藤する能力

写真を撮られるとき、おもしろくもないのに笑顔を無理につくったことのない人はいないでしょう。そのうえ、その写真を乱暴に扱われたら、自分が乱暴に扱われたと感じるでしょう。こうして私たちは、人生という舞台に引きずり出されて、否応なく出演させられていたのです。

ますます劇場化し、何かに出演せねばならない現代で、自分がどのような役割を引き受けさせられてきたのか。なぜ、自分はその役を引き受けてしまったのか。この仕組みがわからないと、舞台から降りることも困難です。

その仕組みを知るためには、過剰適応する表と引きこもる裏の分裂や、第8章で見た三角関係で考えることが有効です。勉強する「知」、本音としての「情」、その葛藤を生きようとする「意」、という知・情・意の三角。あるいは、不安・願望・防衛の三つの要素で構成される心の三角関係です。精神分析では、人格のあり方を超自我(スーパーエゴ)・エス・自我の三角関係としてとらえていることも述べました。そしてその起源は、父母と子の織りなす家族の三角形なのです。

この三角形における順番を、小さい子どもの側から考えたとき、最初に大きな願望があります。ボーッとしていたい、お腹いっぱいにおいしいものを食べたい、怒りで爆発したいなどです。情や衝動にあたる部分です。

しかし、この願望には大きな不安が訪れます。こんなことやっていたら成績が下がってしまうのではないか、食べ過ぎたら太ってしまうのではないか、と。この不安は社会的な規範と連動する良心によって生じる場合が多いです。

この願望と不安の相克《そうこく》(対立するものが争い勝とうとすること)をどう生きるのか、というのが自我である〈私〉の選択や課題になります。その主体性を押し出すならば、必ず、「あれかこれか」という二律背反の葛藤が生じます。そこを強《したた》かに生き抜く「自我」は丈夫になっていて、前よりは「葛藤する能力」を有するのです。多くの物事が「したい」し「したくない」ので、アンビバレントなのであり、その葛藤を体験できてこそ自分の総合が可能になる。

○○をしたいんだけれど、□□になってしまうのが不安。だから、葛藤する〈私＝自我〉はこうする。このような思考運動をくり返しながら、私たちは人生物語を紡ぎ出しています。

本当はこうしたかった、こういう人間でいたかった。でも、そんなことは許されない、そんな人間は必要ない。そういわれてしまうのが不安で、願望の部分をなかったものとして殺してしまうこともありますが、その場合の心は不安の塊です。

本当は、自分が望んだ欲望の実現だけを実践している快楽主義者がいてもいいはずだし、そう生きてもよかったのかもしれない。でも、その願望を「それでいいのかね」と禁止して、不安な自分を閉じ込めた規則やルール。この願望と不安の間で引き裂かれながら、情と知の間で葛藤しながら、〈私〉が意思を持って生きるとき、自分が揉まれて鍛えられるのです。

そうした心の三角運動により、前よりは少し葛藤できるようになった〈私〉の、新たな「渡し」がはじまります。自分の人生物語の主体的な紡ぎ直しが始まることになります。

魔女と私と王子様

この紡ぎ直しを一般的なものとして示したいので、有名な「白雪姫」や「シンデレラ」という女の子の物語を使って、まずは女性主人公の三角関係を描いてみましょう。つまり、〈私〉は、王子様を待ち望みながら、不安や禁止で閉じ込められているのです。幸せを求める〈私〉は、この邪魔をする魔女や継母《ままはは》に抗して、身を守りながら戦わねばならないのです。「白雪姫」の継母は、実は実母であったというバージョンもあるそうですから、それならますます戦いにくいはずです。

そこに、王子様という願望の対象と、それを邪魔して不安にさせる魔女と、その間に立つお姫様の〈私〉とが、三角関係を成しています。閉じ込められるところから、願望と不安の間で葛藤し、内から外への戦いと脱出へ転じるところが、物語が改訂されるところです。塔に閉じ込められた「ラプンツェル」の物語もそうなっていますね。

車の比喩でいうなら、願望はアクセルで、不安はブレーキです。〈私〉は、自己や自分という車を運転する運転手になります。運転手という〈私〉は、この衝動的なアクセルと、それを禁止するブレーキをうまく扱えないと、車としての自己は大事故を起こすか、止まってしまったりします。

コロナ禍で、一国の運転手が、健康重視というブレーキと、経済成長というアクセルを、「あれかこれか」のどっちかではなく両方を微調整しているところが見えるでしょうか。そういう構造に気づくだけで、人生や社会の見え方が変わることはないでしょうか。

自分の過去の人生を変えることはできません。しかし、それをとらえ直す言葉と見方で、物語が少しは変わるのです。自分の人生をどういうふうに振り返るか、そして、過去をどう活かしていけるかという視点、見方を得て、物語の展開が少し変わることになるのです。すなわち、コツコツと積み重ねることで、〈私〉の紡ぎ出し方がゆっくり変わって主体的な物語が生み出されるのです。

〈私〉が主人公の物語へ

ここで気をつけなければならないことに、動機づけ（モチベーション）という〈私＝自我〉における「意」、つまり主体性の問題があります。

それは、人生物語の改訂が絶対に不可能だという、〈私＝自我〉に救いようのない絶望があると、それこそ圧力に負けて、潔く去っていくことにもなってしまうということです。

「マッチ売りの少女」では、悪い父親によって、少女が寒空の中、マッチを売りに出されます。少女は暖かい部屋に戻りたいけれど、それが許されない。そのため、マッチを擦っては一時的に寒さをしのぎ、また幻影を見ながら夜を過ごすのですが、やがて死んでしまいます。暖かいウチ、つまりあの「ゆ」や同衾の「ふとん」の中に戻るという現実的選択はできないという絶望を抱えてしまうと、それを夢見ながら冷たい雪の中で命を落とすしかなくなってしまいます。このお話は、親による少女への虐待とも読み取れます。

しかし、私たちはあえて、どうやったら、少女は生きることができたのかを考えてみることが大切です。マッチをもう少しうまく売るために、どんな方法がありえたのか。あるいは、寒空から、自分の家でなくても、暖かい屋内にどうやったらもぐり込むことができたのか。

もちろん、幼い少女にどれだけの選択肢がありえたかは、かなり心もとないでしょう。だったら、誰か助けてくれる「公的な援助」はなかったのかと考えてみる。「悲劇の主人公」などではなく、本当の被害者が目の前におられるのです。そうしたら、福祉をどうするかというテーマにも話は発展していきます。あるいは、子どもは自分を守るために大人に甘えてもいい、そういう権利があるんだと考えることのできるご近所の人間の存在もまた大事です。

そして何より、心に取り入れられた悲劇の物語を紡ぎ直さねばなりません。いまこの本を読んでいる皆さんは、まったく幼くて無力な少女ではなく、ある程度、自分で人生を渡ってゆく力を持っているのです。

自分で抱え込んで心の中で絶望し、物語通りに追いつめられてしまったら、去っていくしかなくなってしまいます。強かな〈私〉が人生を渡して生きのびていくことを前提にして、どう〈私〉が意思や希望を持てるかを考えてみる必要があります。

そして〈私〉が私らしい選択をするためには、くり返すように「心の楽屋」が必要なのです。居場所を確保して、内から外を見て〈私〉が自分で進むべき道を選び取る。そのとき、〈私〉を主人公とした物語が改めて始まることになるのです。

私さえいなければ、私のせいで。そのように自分を責めて小さく追いやられていた〈私〉を世界の真ん中に置いて、世界をとらえ直す。そして、今度は〈私〉が物語の進行を語る「狂言回し」です。

「未熟な自分」を携えて

「自分」の「分」というのは、分け前という意味だと考えることは、すでに述べました（第8章1参照）。自分が誕生するためには、自分がいるための居場所を、世界から分けてもらわないとなりません。居場所がなければ、自分というものも存在しないからです。

そして、人はもともと未熟な動物ですし、成長しても動物的な部分を抱えています。自然の一部なのです。母なる自然に包まれて、自然と一体感を覚えることで、自分というものの存在を改めて見つめ直したり、自分という感覚に目覚めたりすることも私たちはできるでしょう。

特に私たちの場合、母親との一体感を長く過ごし、そこで自分の「分」を獲得していったという経験を強く持っていることがあります。そこで甘えて過ごしたという心身未分化な感覚を心の中に、ノスタルジックなものとして思い出したりします。大人になってからも、甘えが実現できる空間があるという錯覚を維持しながら生活をしています。こうしたところは、別の育ち方をした多くの個人主義者とは違っている可能性も、本書の中で指摘してきました。

しかし私たちは、こうした過去を幼稚で恥ずかしいものだと感じている場合が少なくありません。こういう否定しやすい傾向が私たちの「心の構造化されていない部分」の取り扱いに大きな影響を与えています。

むしろ、私たちのこうした生半可なやわらかい自分を世界に向けて自己紹介してもいいのではないか、と私は考えています。構造化されていないとは、自分の表裏、内外、心身、自他というものの未分化なところ、柔軟なところを携えているということで、その特性は長期にわたる母子関係や「和」の文化のおかげであると思われます。

こうした経験を後ろに置きながら、時に後ろ髪を引かれながらも、私たちは前を向いて歩いているわけです。それをなかったことのようにふるまうのは、やはり無理があると思います。それを認めたうえで、〈私〉としての選択をどうするかという問題になるはずです。添い寝の母親たちと動物的な「つながり」を持って過ごしてきたというのは、そして痛みに満ちたトラウマの多くが、それこそ〈私〉が選択したことではなく、与えられたプロセスなのです。

確かに親は選べない。だったら、楽屋で見つけた信頼する〈あなた〉や、心の中の〈あなた〉の前ではこのことで〈私〉が恥ずかしがることは、なおさら必要ないし、むしろ選び直して生かすべきことでしょう。

オリンピックやパラリンピック、世界大会などの運動選手たちの多くが、あれほど家族の後ろ盾を得て、「抱える環境」の支援を受けながら好成績を挙げているように見えることは、その例ではないでしょうか。きっと、コロッセウム状況を一変させ、その失敗も楽屋では抱えてもらえそうです。

知的に、そして情緒的に泣くこと

私にとっても、母親、そして母親代理者との一体感という経験は原点の一つとなっています。その経験があったからこそ、このように世の中へと旅立つことができ、旅を続けられたと考えています。時々、あの甘やかされた状態や抱えられた環境に戻りたいと思う。でも、自分の心の中には、それを許さない超自我がいる。だから、半ば断念しながらも、そこに戻ることを夢見ながら、いま仕事をしているわけです。

死んだらどこにゆくのかと問われるなら、結局、肉体は土に還るので、母神イザナミの埋葬された黄泉の国だろうと何となく思う。しかし心には、皆のように空の上にある天国に行きたいという願望はあるけれど、そこに行こうとすると父親的な神様によって邪魔をされる。「帰って来たヨッパライ」のように、ヨッパライが天国で酒を飲んで調子よく過ごしていると、神様に最初は「もっとまじめにやれ」と怒られる。一度目は怒られる程度ですが、さらにダラダラと過ごしていると「まだそんなことばっかりやってんのでっか。ほたら出ていけぇ」と天国から追い出されます。

つまり、怒られて、追い出されるまでの間があるので、すぐに追い出されるわけではありません。この猶予の間で遊んだり、あるいは葛藤したりするということが、重要なことでしょう。天国に行って楽しんで、神様に追い出されて、畑の真ん中で目が覚める。多かれ少なかれ私たちは、こうした天国と大地の間、天国と現実の間の行き来を、死ぬまでずっと、一生の間くり返し、そこを渡して生きていくのだと思います。

母親との幻想的一体感を持っていたという経験が人生の出発点にあったことを、私自身も認めたいと思います。この実在は真実であり、科学的な理解ではないでしょうか。もし、そうしたバックヤード（第7章1で示した「輪」や「裏のつながり」）を持てておらず、自分に厳しくすることしかできないような人がいたら、そうした人たちに、心の余裕につながるような時間や空間を提供したいとも思います。そのような裏の場で、聞き手や受け手になるのが、私の臨床活動の中心にあったといっても過言ではありません。

他方、もうあそこには戻れない。その悲しみや辛さを嘆くのだけではなく、個人としてはそれをかみしめながらも前を向いて生きるという姿勢で、歌もつくってきました。歌は悲しみや辛さをかみしめ、そこを言葉で振り返ったときに生まれるものだと、私は考えます。私にとって歌をつくるという営みは、後ろ向きのノスタルジアをテーマにして、知的に言葉にしながら情緒的に泣くことも大切なものとして、知と情を〈私〉が渡して味わうことなのです。

3 〈私〉らしい人生物語を

ながら族として

こうして私は、最期のときも、出演しながら考えていたいと思います。

私には、「あれとかこれとか」「あれやこれや」「どっちでもいい」となって考えがまとまらないときと、「あれかこれか」と考えて「こうでありたい」という徹底的に意思を示すときとがあります。いまから考えると、前者の注意散漫も、後者の過集中も、軽い「注意欠陥多動症（ＡＤＨＤ）」と診断されるはずの私の特性でしたし、同時に私個人の目の軽い障害と連動もしていました。目の問題については私の自伝『コブのない駱駝』に書きましたので、ここでは詳しくはいいません。

前者は不注意と連動したリラックス状態だと思われるし、一方で、それについて考えてもいました。青年期にはこの「考えながらまとまらない」という傾向を私は「ながら族」と結びつけていました。「ながら族」とは、50年くらい前、ラジオやレコードプレイヤーで音楽を聴きながら同時に勉強しているという、私たちの世代の多くを形容するものでした。そして「ながら族」では、遊びと勉強の二つが、一つにならないで交替したり並存したりしたのです。

ところが、注意散漫状態の中で考えるなんて「中途半端だから、いい加減にしなさい」と言われそうです。世間では一つの山をきわめるのが偉くて、二つの山を一度に登ろうとするのは、二兎を追うものは一兎をも得ずと否定されることになります。人生は進むにつれて広い道から細い道を選択するのが常識とされ、このゆらゆらした考え方は学校の先生たちには叱られ、遊ぶか勉強するのかどっちかにしなさいと、よく言われたものです。

もちろん大人になるにつれ、広がる関心とともに、視野が広くなって俯瞰《ふかん》的にものを見ることができ、注意散漫のままでは失敗しやすいこともわかるようになりました。あれこれおもしろいことに興味が生まれるので楽しいのですが、他方で間違いやミスが起きるので、自分でもこの状態はまずいと思うようになりました。そして無神経と神経質、散漫と集中という二種の自己状態について、私の自己評価もまた揺れるのでした。

片方ではあれこれ関心を広げるのはいけないことと思いながらも、他方でボーッとしているのも気持ちがいいし、これでいいじゃないかとも感じる。人間に関心が向かいながらも、目の前の景色にも料理にも、あるいはそこに吹いているそよ風にも関心が向かうという、注意散漫について、私自身の肯定と否定という評価が入れ替わりました。

歌いながら考える

やがて私は、医学部を終え、心の臨床の世界に入り、精神分析や精神分析的精神療法の実践の中で、この性格的問題の理由のようなものに出会えました。それは、誰にでもある心のあり方として、「あれやこれや」の緩んだ状態と、「こうでなければならない」という意識的な考えとが矛盾しているのですが、私の場合はこれを統括せねばならない自我のまとまりが緩いのでしょう。こうして結果的に、あれやこれやと拡散していく心の広がりを感じながらも、同時にそれと並行して、それらを注意して総合しようとするという意識的な傾向が、そのままで存在するのです。

若いころは神経質と無神経、勉強と遊びのまとまりのない交替だったが、やがて〈私〉にとっては「あれとこれと」の「どっちも」が大事だと前向きに断言するようになったのは、学問的には精神分析理論なのです。

私がこれまで描き出そうとした「歌いながら考える」という二重状態は、これまでの精神分析理論では、どういう形で描き出されてきたのでしょうか。まず浮かぶのは、これはすでに紹介したD・W・ウィニコットが重視した**遊ぶこと**と、ハンガリー出身の精神分析家M・バリントのいう**良**

性の退行（前進するためには、むしろ退行することを必要とする考え）が私のいう状態に近いと思います。そして、自由に思い浮かんだ考えを、そのまま言葉で報告するように促す自由連想法とは、フロイト派精神分析本来の方法なのです。

もっとも、こうした理由に出会えたのは、それ以前に出会った、音楽、それも歌のおかげだったといえます。というのは、私の音楽活動では、作詞を担当しながら音楽活動を行っているので、歌いながら考える必要性が度々生じるようになりました。つまり私においては、曲を聴いて歌い、そして歌詞を考えるという営みが、若いときからずっと続いています。

シンガー・ソングライターという仕事では、頭で真剣に考えながら口では気楽に歌うので、その最中、自分の神経質傾向と無神経傾向の全体性が回復し、日常ではバラバラな自分が共存する瞬間があるのです。普段自分には、知的に考えることと情緒的に泣くことという、極端に分裂した傾向の両方があると感じるのですが、その全体を比較的うまくまとめてくれるのが、何と歌いながら考えるという、〈私〉の生き方としての歌づくりだったのです。

このような見方から私は、臨床的な体験も踏まえて、歌のない人びとは「あれかこれか」の片方を選び、中間のない、「極端な」考え方になりやすいことも理解したのです。

縮こまるのではなく

私のことを述べたうえで、最後に話を総論的にまとめておきましょう。

心の中で「やりたい」「したい」「してもらいたい」と願望を抱きながらも、それに対して超自我が「それはやってはいけない」「これをやれ、あれをやれ」と指導してくるので、不安にさらされる。その葛藤の中で、〈私〉である自我がどう生きるかを思案する。〈私〉である自我の機能は、最近の精神分析の発展の中で低く扱われてきた部分です。強い願望やそれを禁止する超自我が、心の部分として重要視されてきました。

特に「自我」という日本語は「じ」と「が」という濁音で構成されていて、私たちにとっては耳障りな印象があります。好きではない音をわざわざ並べたのではないかとさえ感じられます。〈私〉をジガやエゴという濁音で呼ぶと、私にはその耳障りな音が途端に周囲と摩擦を起こすところが見えます。そして、そのエラを張らせた途端に、嫌悪され、居場所を失い、傷つき、追いやられるという結末が透けて見えるのです。

しかし、この感触は、ある意味、真実を言い当てているとも思っています。自我を通そうとすると、摩擦が起きるのです。漱石が『草枕』で「意地を通せば窮屈だ」といった通りです。だから、自我は角を削られ、丸められて、あるいは消してしまうことがいいとされるのです。でも、そうすると主体である〈私〉が縮こまってしまいます。

それに気がついた〈私〉が、ジガの主体性を発揮し、「あれとこれと」を葛藤しながら「渡して」織り込んでゆく。「あれとこれと」を味方にしたなら、それを踏まえる〈私〉には、人生物語を一歩前に進める可能性が開かれるのです。

〈私〉が自分を生きること

第8章4でも取り上げた漱石の『こころ』を改めて読んでみると、この物語は語り手である「私」の成長物語でもあることに気づかされます。

青年である「私」が「先生」と出会い、「先生」と「K」と「お嬢さん」をめぐる三角関係の悲劇を、「先生」の手紙を通して目撃することになる。「K」も「先生」もこの世を去っていく。そうした三角関係の悲劇を、「私」は俯瞰した立場で眺め、そのうえで、「私」がどう生きるかを問う物語になっています。

実は『こころ』を声に出して読んでみると、「私」がくり返し登場することに気づきます。「私」がやたらと耳障りで耳に残るのです。それは、近代以降の私たちにおける自我や個人のあり方を問い続けてきた漱石ならではの仕掛けなのでしょう。改めて漱石の才能に驚かされます。

二人の男が命を絶つという悲劇を目撃している「私」自身は生き残っていく。「先生」の死は、「K」への二重性由来のうしろめたさを抱えており、『夕鶴』におけるつう(これも「お嬢さん／お母さん」を二重に引き受けている)が潔く去っていく終わり方にも重なります。三角関係の悲劇を俯瞰してながめ、そのうえで、どう生きていくのかを「私」は問われて生き残ります。そのことで「私」は、人が三角関係における生や死を深く考える、新しい「私」を得ることになるのです。この小説は、読み手に自分の人生の三角関係を生き直す小さな経験を与えてくれます。成長する「私」の視点で物語を読む読者も、どう生きるかを紡ぎ直すことになるのです。

私もかつて50年ぐらい前、若いころに読んだときには、なぜ、彼らが死ななければならなかったのか、理解できない部分に圧倒されました。しかし、いま読み返してみると、彼らが死を選ぶ理由や背景、心理などが自分なりに理解できるようになっていました。

「お嬢さん／お母さん」をめぐる三角関係で、裏切られたことに圧倒され、また自分が道を踏み外していると考え命を落とす「K」。うしろめたさを抱え、引きずりながら死を選ぶ「先生」。自己矛盾ゆえの自死を目撃しながら、「読み手」「聞き手」として生き残る「私」。

そして、これを読んでいる読者である私も、生き残る選択をしている。絶望し命を捨てていく「K」や「先生」の心情を理解しながら、でもその重大問題のこなし方を考えることができるようになっています。私における〈私〉は、前より成長しています。私の〈私〉もまた自己の体験を生かすべく、裏切りの悲しみにくれ、矛盾に絶望する人の深層心理を理解し、精神科医、精神分析を選んでいるというわけなのです。

ハブられて、悲劇や無念の思いにただ圧倒され自己を殺すのではなく、矛盾、馬鹿、未熟をかみしめながら、それでも生かす。押しつけられた「潔さ」だけに忠実であろうとせず、「心の楽屋」を確保し、自我が深呼吸して伸びをする。そして、見にくい自分を自身で生かしたとき、〈私〉が「いること」への道も見えてくるでしょう。少なくとも、生きのびるための道を探して考え始める〈私〉がいるはずです。そのとき、物語の紡ぎ直しは始まっているのです。

フェードアウトの時まで

生きるというのは、表と裏、知や情、大人と子ども、愛と攻撃性とのせめぎ合いの中で、〈私〉がそれをどう生きるかという三角運動のくり返しです。運動というのは、あの「三つ巴」(192ページの図8-3参照)のような動的イメージです。本書で描いてきた三角形と三角運動は人生の様々な場面で発生しますが、その一例として図で下から上に向けて私たちが成長するところを描いてみました(図10-1)。

まず、自分の中の未熟な子どもが大人と出会って、圧倒されるが、何とか生き残る〈私〉は青年になる。でもそれは、大人の前では相変わらず未熟であり、その違いに葛藤し、また少しはマシな中年になる。そしてまた大人に出会って未熟を感じてさらに普通の大人となり、次いで……をくり返してゆく。自分とは異なる他者と出会いながら、葛藤しながら、〈私〉は成長し続ける。

こういう三角運動を行う考え方を、哲学では**弁証法**と呼んでいます。ある考えに対する反対の考えを合わせて新しい考えを生み出す、正―反―合の運動です。またそれは、同類が異類と出会って「混血」を生み出してゆく三角運動です。この運動の原点を、母と父の間に生まれた子が生きるための家族的三角関係だと考えるのが精神分析の知恵です。愛する母との同類化を求めながら、それとは異なる他者である父に出会って、子が葛藤して二人の親の間で生きることをくり返すという、成長のための運動なのです。

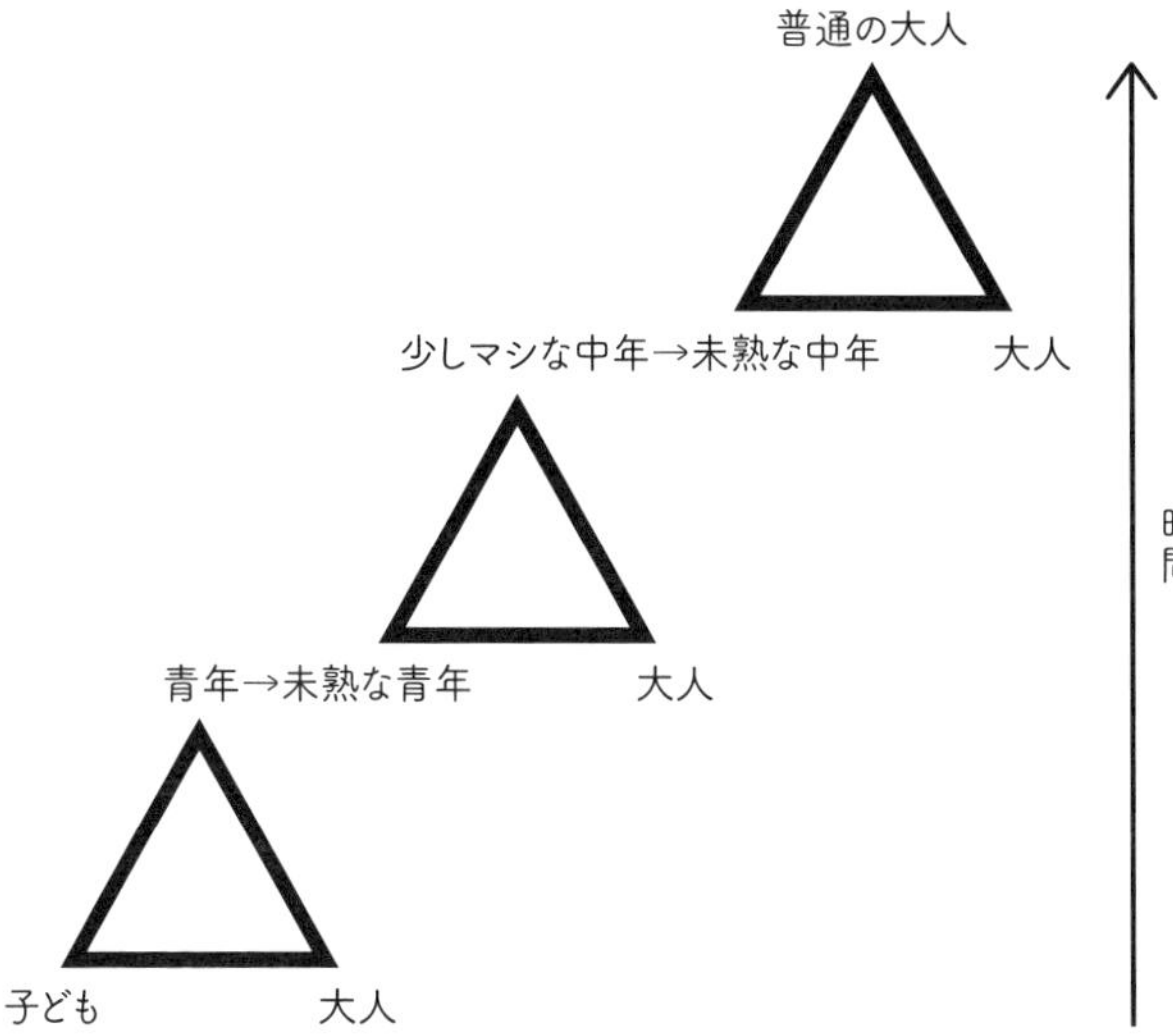

図 10-1　〈私〉の物語の紡ぎ方

それは〈私〉の意思の表明であり、〈私〉の物語の創造であることが、生き残ることのベースにあります。この人生物語の主人公は〈私〉であり、〈私〉が人格や人生の断片を渡して紡ぎ直していくことになります。

幼いときには、〈私〉は無力で選択の自由の幅も限られていたけれど、いまこれを読んでいる人は、前より強かになって、以前よりも人生物語の再創造の能力は高まっていると思います。

そして、この後も運動を続けて、老いた私は小さくなり、消える。

以上のように、心の三角関係を生きるという結論を出せたところで、着地点を見つけたように思い、著者は幸せに感じるのです。が、ホッとしていると、やがて「それでいいのかね」と囁《ささや》きかける声が聞こえてくるに違いありません。しかし今度は、これでいいと答えましょう。

おそらく、人生の旅では目的地にはたどり着かないもので、ドイツの詩人カール・ブッセの「山のあなたになお遠く「幸《さいわい》」住むと人のいう」(上田敏訳)で終わる「山のあなた」のいう通りでしょう。着いても、ああ、そのまだ向こうに幸せがあるんだなあといわれるのです。「青い鳥」とか「虹の彼方」とかいわれるものはみなそうです。

だから、人生物語の結末がハッピーエンドとなるかどうかは、誰にもわかりません。なぜなら、人生物語の最後は死ぬときであり、死を自分自身ではどうにもできないからです。それは仕方がない。

重要なのは結末ではなく、そこにいたるまでの過程しかないと考えます。

フェードアウトのときまでを、つまりつながりの最後の切断のときまでをどう生きるか。どう歌うか。

さいごに　心の専門家へ

本書を終えるにあたり、精神科医や臨床心理士をはじめ、臨床における心の専門家へのメッセージをまとめておきたいと思います。

しかしながら、この本を手に取っている方の多くは、心の専門家ではないと思っています。そしてまた、多くは精神分析の専門家でもないでしょう。そういうことなので、専門家向けのこのメッセージは読者には関係ないと思われるかもしれません。でも、誰もが今後、心の専門家の臨床的援助を得る可能性はあるでしょう。そのときに、心の臨床の専門家というのは、どんな人たちなのかを知っておくのは大切なことです。彼らはけっして、心の問題を何でも解決できるエキスパートというわけではありません。

また、この本を読んで、将来、自身が心の専門家になってみようと思われた方がいたとしたら、私にとっては嬉しいことです。

いずれにしろ、心の専門家とはどのような人たちなのか、どんな役割を務めているのかを知ることで、自分や他者の「心」への向き合い方もより豊かで深いものになると私は考えます。

これは、そういう可能性に向けての、空想の読者に送るメッセージでもあります。

出演者でもあり、観察者でもある

この本で見てきたように、悲劇に満ちた人生において、傷ついた主人公が第一者であり、心の専門家はそうした人たちの大切な第二者、すなわち〈あなた〉となる必要があります。悲劇の人生を反復し、傷ついている人たちの「心の台本」を読んで、新しい人生物語を紡ぎ出せるように援助をしていくことになります。

このプロセスにおいて、心の専門家は、彼らの人生の物語にいっしょに出演しながら、同時に、彼らと距離を置いて観察しなければなりません。つまり、参加者でありながら、同時に観察者や理解者でなければならないのです。彼らの人生にかかわり参加しつつも、でも、適切な観察者となるためには彼らとの距離も置かなければならない。親身になろうとしながら、でも客観的でもあらねばならないのです。

私などもよく患者さんから「先生は私の味方なんですか、敵なんですか」と問いつめられることもあります。あるいは、「先生は本当に人格者なんですか」などと聞かれることもあります。もちろん、専門家でありたいとは思いますが、誰からも評価される「良い人」であることは無理ですし、そもそも、それでは、参加者であり観察者でもあるという「割り切れない」仕事は務まらないと考えます。

むしろ、心の専門家は、そうした矛盾や二面性を引き受けなければなりません。相手からぶつけられる不信感や不純感の受け皿であることも、また大切な役割なのです。

そして心の専門家自身が、人間でありながら、でも鶴であるというような、人間としての二面性を自ら抱えていることを受容する必要があります。常に自ら健康でありたいと願いながらも、でも、相手からぶつけられる攻撃性に情緒的に反応し苦しんでいることがあるのです。

しかしながら、心の専門家は〈去ってゆかない夕鶴〉にならなければなりません。自身が傷ついて去っていってしまったら、第一者は大切な〈あなた〉を失ってしまいます。第二者となった自分自身が、傷つきながらも去っていかない〈居座る夕鶴〉になって、物語を紡ぎ続けていける人間でなければ、相手の悲劇に付き合うことはできません。その受け皿としての不純さにこそ、プロの専門家としての意義や意味があると考えます。

きちんと評価されない

カウンセラーや臨床心理士などを名乗りながら、患者さんをだましたり、食い物にしたりして、さらに傷つけてしまうという事件が少なからず起きています。最初から悪意を持って問題を起こすのは論外ですが、一方で、心の専門家が意図せずに、相手を傷つける加害者となってしまうこともありえます。そのことをプロの専門家としては、自覚しておかなければなりません。

100パーセント信用できる専門家などという存在はありえません。失敗することはあるし、相手の期待を裏切ることもあります。だからこそ、相互で監視し合いながら、それを補っていかなければなりません。つまり、そこに第三者や三角関係の、現場における意義があるのです。

これは学校の先生などにもいえることです。先生同士で、同僚のふるまいに注意しておかなければ、様々な不祥事《ふしょうじ》を止めることはできないでしょう。教師は〝聖職者〟で、みな人格者であるなどということを前提にしてはならないのです。

心の専門家は、不信感の受け皿にもなって、患者さんなどから、不満をぶつけられる存在なのです。有無を言わせないどころか、有無を言われることがしょっちゅうです。科学的な成果を上げて、ノーベル賞をもらうなどということのない仕事です。人びとの幸せに絶対に役立つものを発見したり発明したりするというような仕事でもありません。積極的に、肯定的に評価されるのではなく、むしろ「評価の分かれるところ」に立っているといったほうが正しいでしょう。

というのも、私たち自身が、もともと「おさまりの悪い人たち」であることが多いのです。だから、「おさまりの悪い人たち」の気持ちや立場、また同調圧力に抗して身につけるべきスキルなど、よく知っている人が多いのです。そういうことだからこそ、私は分類が難しい状態が異類とされる、心のメカニズムに詳しくなれたのだと思います。そのうえ、こう書いたからといっても、この問題そのものから逃げられません。

心の臨床の専門家というのは、裏の仕事だといっても過言ではありません。なぜなら、人びとの裏を扱う仕事だからです。表に出せないこともたくさんあります。自分の子どもに「どんな仕事しているの？」と聞かれても、はっきりと説明することが難しい仕事でもあります。

こんな話があります。ある王国で、側近が王室の子息に尋ねました。「殿下は何を勉強され、どんな専門家におなりになりたいですか」。子息は「臨床心理学をやりたい」と答えましたが、側近が皆反対しました。「あれは将来、国王になる人間がなさるような学問ではありません。はっきりと見えて、分野がきちんと確立されている学問を学ばれるべきです」と言われたというお話です。

精神医学や臨床心理学という学問が扱うのは、人間の心の狂いや歪み、そして偏りです。そういう心というもの自体が、「こういうものである」と簡単に定義できませんし、そういう定義そのものが当事者の反感をかうことがあるのです。そうした扱いにくいもの、この世の中で簡単にある場所に収めることのできないものを扱っている以上、臨床心理学自体も既存の学問・科学の分類や評価に収まりにくいものなのです。

誤解を恐れずにいうなら、心の専門家は評価されにくく、また学問の分類にも収まりの悪い、良い意味、悪い意味の両方で「いい加減な」存在であることを自覚しておく必要があります。

矛盾を引き受ける覚悟

本書の中でも述べてきましたが、臨床的な心の専門家は、人に「心の楽屋」を提供する役割を持っています。「人生の楽屋」の番人のような存在です。矛盾を抱えた人間の裏の部分を扱うのです。したがって、先述したように、矛盾を引き受ける存在でなければなりません。人びとの表と裏、本音と建て前といった矛盾を引き受け、その未消化な思いをぶつけられる仕事です。比喩的にいうなら、私たちは「白雪姫」の魔女や継母になって、患者さんに切って捨てられることもあります。『夕鶴』の与ひょうのように、人の秘密をのぞき込むので、侵入者になり、時には「加害者」になる可能性すらあるのです。そして場合によっては、思春期の「お父さんなんか死ねばいい」という思いや、結局は普通の人だったという幻滅も引き受けねばなりません。

人びとの抱える矛盾を、簡単に一つにまとめたり、解きほぐして解決したり、などということはできません。矛盾をそのまま矛盾として引き受け、その未消化の感覚をかみしめながら、やがて心や自他の間のどこかに置いておけるようにする。どのケースも難しい仕事なのです。

矛盾を一つに統合することはできないけれど、まずはそれらを「置いておく」方法を模索していくことになります。はっきりと「こっちが正しい」「こうすべき」と、正しい結論を下すことができない。その意味では、得体のしれない仕事としても見られることもありますし、化け物のような存在になる覚悟すら必要です。

この仕事では、あるまとまった統一体になるのではなく、人びとのはけ口となって、パッチワークの状態や、ドロドロの沼のような状態を維持できることも必要です。矛盾を次々と見つけては、知的に割り切っていくことは、人の心にとっても、人が生きる社会としても、とても窮屈です。

専門家こそ「心の楽屋」を持つ

このようにして初めて、心の専門家は自分が向き合っている相手にも、矛盾や割り切れないものを置いておける「心の楽屋」を提供できるのです。

それなので、心の専門家にも「心の楽屋」が必要でしょう。自身が治療される治療室や分析室が必要です。同時に友人や家族、同僚との関係に恵まれており、遊び上手であることが望ましいです。私の場合は、バンド活動や作詞が「心の楽屋」にもなりました。そのことは、ありがたいことだったと痛感しています。

世の中は、遊びか仕事か、芸術(あるいは芸能)か科学か、と分けたがります。これらが同じ場でなされていることは、あまり良しとされません。でも、私の場合は、精神科医であると同時に、ミュージシャンや作詞家であったことは、心の健康にとってとても有用でした。

あれか、これかではなく、あれも、これも。もしくは、あれとか、これとか、というどっらつかずでいいのです。鶴であり、人間であってもいいのです。私自身は、そのように生きてきました。

心にはもともと名前がついておりません。だから、不安であれ願望であれ、すべて名札のようなもので、まだまだふさわしい言い方がありえます。だからこそ、作詞家のような仕事の面があったのです。こうして、患者さんにおいても、専門家においても、心の地図は常に修正され、新しい言葉や言い方を待っているのです。

このように生きてこられたのは、私自身が「心の楽屋」を確保し、その受け皿となってこれを引き受け、支えてくれた人たちのおかげです。ときには、患者さんやクライエントさんまでもがそういう「抱える環境」にもなってくださいました。これに家族や同僚、そして友人を含め、そういう場を与えてくれた人たちに心から感謝をして、この本を終えたいと思います。

あとがき

一般読者に向けて書かれた本書には、二つの動機があります。

第一に私が臨床で活用してきた劇的観点が、人生物語を読解してより深く味わう際に、とても大事な高台になることを論じています。そこからは、吸い込まれて本当に死にたくなるような空虚と、ため息をつくことや日常的な表現で表せるむなしさとの、違いが見えてきます。前者は、これに取り組む専門家においても扱いが難しいものですが、後者はこのような書物でもうまくすれば触れることができ、それが蔓延《まんえん》するいまこそ言葉で知ってもらえる可能性が大だと思い、この観点について書くことにしました。

第二に、反復される日常的悲劇の深層心理を描き出す書物の必要性を痛感していました。きっかけは日ごろの臨床で、あることないことを言われて追い詰められる人、SNSに書き込まれる内容に一喜一憂する人、あるいはそこに書き込むことに強く手応えを感じているような人たちの話を聞いていたからです。それに加えて、自らの蔑視や差別問題に関わる不用意な言動で、寄って集って叩かれ、関係者が右往左往する姿が報じられています。

つまり、誰もがいじめの対象やいじめる側になってもおかしくないのに、これに対して事前にどう準備したらいいのかわからない場合が多いのです。これらについては、ある観点を得ないと見えてこない深層心理というものがあり、起こりうる悲劇の「心の準備」のためにもそれを書かねばならないと思ったのです。

しかし一般書は、いくら書きたくても、そのための余裕がなくては書けません。そこに、コロナ禍で降って湧いたように時間ができました。臨床全体を眺める余裕の中で、バラバラだった考えを織り込み、半年足らずでかなり凝った「譜面」ができあがりました。それからは、これまであちこちの場面でうたった歌をつなぎ合わせて編曲するような本の作り方になりました。

作詞家として私は、それぞれの歌の完成にはメロディを提供してくれた「作曲者」や「伴奏者」のような相方がいます。この一冊には、60年近く体験し続けた、作曲―作詞という二者が織り成す歌づくりのようなものがそのまま反復されていて、それぞれの歌はさしずめ二人の子どものようなものなのです。

その意味で、名前を挙げて感謝すべき「作曲者」がおられます。私の歌の、最初の聞き手はもちろん母親や父親でしょうが、思いの言語化という点から見ますと、私の精神分析者のトマス・ヘイリー先生には感謝せねばならないでしょう。彼は、私の思考が運動であることを伝えてくれました。

そして、本書の主題である三角関係論は、やはり青年期に「演《や》った」フォーク・クルセダーズが原点でしょう。クリエイターたちと共有したのは、このトリオの音楽的アンサンブルだけではなく、緊張関係の中で、三つ巴となって何とか三人ともが生き残ろうとするという三角関係そのものだったと思います。

他方、本書のタイトルにある「生き残る」は、敬愛する精神分析家で小児科医であるD・W・ウィニコットの使う術語で、親が乳幼児の攻撃から生きのびて、子にとって親が「使える」ようになることを指すのです。その理論から、『夕鶴』のつうが与ひょうの貪欲から生きのびて相手を変えるというアイデアを思いついたのだと考えます。

もちろんこれらをつなぎ合わせるところでは、精神分析理論に見守られながら、魅力的現場に対して、先達から引き継いだ日本語臨床という「私」の意思があります。つまり、理論、願望、そして意思が、三角形を形成しています。本書に書かれていることの多くが、知・情・意が三つ巴になって展開する運動によって生まれ、そして使えるようになった知恵の積み重ねです。

私の言うような深層ではなく、無意識の心理学である精神分析の原典や準拠枠を読者が学びたい場合は、S・フロイトやM・クラインの書物に進んでいただきたいと思います。１２０年にわたり世界各地で発展してきたものなので、本書に描かれたものとは比較にならないくらい膨大な理論と深い体験の積み重ねがあります。翻訳も含めて良い入門書がたくさんありますが、日本語からの接近でよいのなら、私の著書『劇的な精神分析入門』『意味としての心――「私」の精神分析用語辞典』(いずれも、みすず書房)がいいかもしれません。前者は劇的観点の詳しい紹介、後者は日本語と精神分析論の架橋が試みられています。

本書の中では、心の専門家に相談することなども提案してきました。ここで紙面を借りて、どうやって精神分析的なセラピストに出会えるのかという問いに答えておきましょう。まずネットで日本における精神分析の協会や学会のホームページにアクセスしていただければ、精神分析的アプローチを行う専門家の名前があがっています。それ以外にも精神分析的治療を行う人の組織や団体がありますので、それらのホームページを通して、近くのセラピストを見つけることができるかもしれません。

精神分析を専門にしているわけではありませんが、一般向けのカウンセリング施設で、多くの大学に心理相談室、心理教育相談室、臨床心理センターと呼ばれる施設があり、若いセラピストが集っています。

また、話を聞いてくれる精神科医や臨床心理士を、ネットや書物で見つけることができますが、意外と有効な方法として、自分がかかっている内科などの身体科の医師に聞いてみることもやってみる価値があります。投薬や診療で時間を取られる精神科医が、臨床心理の専門家と一緒に仕事している設定も多いので、精神科クリニックで「カウンセリングをお願いできますか」と聞いてみることもできるでしょう。

提供している基本的アプローチの頻度や料金設定は一定ではないのですが、大抵公表されているので事前に確認してください。本格的精神分析は週四回通っていただくことを基本としていますが、我が国では週一回でも引き受けるセラピストも数多くいます。精神分析関係でなくとも、優れた聞き手や受け手になってくれる専門家がたくさんおられるのですが、皆が個性的で考え方も異なります。どのような方にも相性という問題があり、よく調べて探すことは大事です。有料での精神分析的セラピストを探しているということなら、私の指導を受けた者たちが多く集まっているところで、東京の南青山心理相談室がお役に立つかもしれません。

最後に謝意を表しておきたい方として、大妻女子大学名誉教授の深津千賀子先生と、白鷗大学教育学部教授の伊崎純子先生には、日本の母子関係の研究についてあらためて教えていただきました。さらに、ライプツィヒ在住の哲学者で、夏目漱石に関する本を出された小林敏明さん。この三氏には、日ごろから、知的にそして心理的にサポートしていただきました。

そして、本書の完成に際して、私の思いを受け止めていただく受信者としての、岩波書店編集部の田中宏幸さんというパートナーがいなかったら、若い読者も取り込もうとする筆致はありえなかったでしょう。私の話を受講生のように聞いていただき、私の書いたものを学徒のごとく読んでいただいたおかげで、多様な流れから一筋の物語が紡ぎ出されて束ねられるというファシリテーションを得たのです。そこでも、同じ対象に二者が注意を向けるという「共同注意」の中で、私と彼、興味ある対象という三点から成る三角運動をくり返したのです。

心の深層ほど見えにくいものはなく、だからこそこれまでは簡単にわかられてたまるかという思いで書いたものが多かったのです。しかし老いも重なって目がますます疲れやすくなり見えにくい未来に向けて、もうそろそろいいかと楽観的になったおかげもあって、いままでになくわかりやすくてスリリングな書物ができあがったと思います。

ただし、残念なのは、私の語学の限界ゆえ、異国というと英語圏に限られるようなことになっていて、それが視野の限界を作っていることです。その視野のさらなる深まりと広がりは今後の課題です。

また、本書で引用された楽曲や文学作品の朗読などは、多くが動画サイトなどで鑑賞できるので、知らない時はぜひとも活用してほしいと思います。ついでに種明かしをしておきたいのは、本書ときょうだい関係にある自伝『コブのない駱駝』のラストのことです。あそこに記した「むなしさ」は、ダスティ・スプリングフィールドの１９６０年代のヒット曲「この胸のときめきを」から発想した一節で、歌い上げられるほどに、痛切に身に染みる佳曲です。

２０２１年11月　コロナ禍でも、少しは希望の光が見えてきた日に

著者

きたやまおさむ
1946年淡路島生まれ．精神分析学を専門とする精神科医，臨床心理士，作詞家．九州大学大学院教授，国際基督教大学客員教授などを経て，九州大学名誉教授．1984年より日本精神分析協会会員，2021年より白鷗大学学長．1965年，京都府立医科大学在学中にフォーク・クルセダーズ結成に参加し，67年「帰って来たヨッパライ」でデビュー．68年解散後は作詞家として活動．71年「戦争を知らない子供たち」で日本レコード大賞作詞賞を受賞．その後，精神科医となり，現在も精神分析的臨床活動を主な仕事とする．著書に『コブのない駱駝』(岩波現代文庫)，『最後の授業』(みすず書房)，『帰れないヨッパライたちへ』(NHK出版新書)，『ビートルズを知らない子どもたちへ』(アルテスパブリッシング)，『良い加減に生きる』(前田重治氏との共著，講談社現代新書)，『「こころの旅」を歌いながら』(富澤一誠氏との共著，言視舎)など．

ハブられても生き残るための深層心理学

2021年11月26日　第1刷発行
2023年2月6日　第3刷発行

著　者　きたやまおさむ

発行者　坂本政謙

発行所　株式会社 岩波書店
〒101-8002 東京都千代田区一ツ橋2-5-5
電話案内 03-5210-4000
https://www.iwanami.co.jp/

印刷・精興社　製本・中永製本

ISBN 978-4-00-061502-0　Printed in Japan